Christel Fechler
Berner Sennenhunde

Herausgegeben unter dem Patronat des
Verbandes für das Deutsche Hundewesen e.V.,
44141 Dortmund

Christel Fechler

Berner Sennenhunde

sowie die kurzhaarigen Rassen
Appenzeller Sennenhund,
Entlebucher Sennenhund und
Großer Schweizer Sennenhund

Praktische Ratschläge für Haltung, Pflege und Erziehung

7., überarbeitete Auflage
Mit 44 Abbildungen, davon 37 farbig

Parey Buchverlag Berlin 1997

Parey-Buchverlag im
Blackwell Wissenschafts-Verlag
Kurfürstendamm 57, D-10707 Berlin

Das Kapitel „Gesundheit“ wurde von Dr. med. vet. Peter Brehm verfaßt; das Kapitel „Ernährung“ von Dipl. vet. med. Lutz Salomon.

Die Deutsche Bibliothek – CIP-Einheitsaufnahme

Berner Sennenhunde / Christel Fechler. [Das Kap. „Gesundheit“ wurde von Peter Brehm verf., das Kap. „Ernährung“ von Lutz Salomon]. – 7., neubearb. Aufl. – Berlin : Parey, 1997
(Dein Hund)
ISBN 3-8263-8422-9
NE: Fechler, Christel

Einbandgestaltung: Rudolf Hübler, Berlin, unter Verwendung einer Abbildung von Martina Weber, Wermelskirchen.
Satz und Repro: Type-Design, Berlin
Druck und Bindung: Grafos SA, Arte sobre papel, Barcelona

Gedruckt auf chlorfrei gebleichtem Papier

Printed in Spain • ISBN 3-8263-8422-9

Vorwort

Für viele Kenner der Hundewelt zählen die vier Schweizer Sennenhund-Rassen zu „Edelsteinen“ in der Hundezucht. Aufgrund ihrer attraktiven Dreifarbigkeit und ihrer charakterlichen Veranlagung erfreuen sie sich in den letzten Jahren stark wachsender Beliebtheit, obwohl sie nunmehr bereits seit 70 Jahren in Deutschland gezüchtet werden.

Frau Christel Fechler, zuchtbuchführendes Vorstandsmitglied im Schweizer Sennenhundverein für Deutschland e. V. (SSV), hat in diesem Buch ihren reichen Erfahrungsschatz in leicht verständlicher Form veröffentlicht. Neben den rassebeschreibenden Ausführungen erhalten Sie liebenswert verfaßte Informationen zu allen alltäglichen Fragen rund um den Berner Sennenhund.

Wenn Sie sich mit dem Gedanken beschäftigen, einen Schweizer Sennenhund, z. B. den Berner Sennenhund, ins Haus zu holen oder es ist bereits geschehen –, dann wird Ihnen dieses Buch eine sehr nützliche und lesenswerte Informationsquelle sein.

Wolfgang Salbert
Geschäftsf. Vorsitzender des
Schweizer Sennenhundvereins
für Deutschland e. V.

Pedigree PAL
ADVANCE
FORMULA
FORMULA QUALITY STANDARD
JUNIOR 1
JUNIOR 2
LIGHT
SENSITIVE
ENERGY
ADULT
FQS

Inhalt

Unser Berner Sennenhund – ein Schweizer Nationalhund

Ursprung

Der Ursprung unserer Berner Sennenhunde liegt weitgehend im dunkeln. In älteren Schriften führt man ihn auf die Molosser zurück, die von den Römern über die Alpen nach Helvetien gebracht wurden. Der bekannte Schweizer Kynologe Dr. Räber bezweifelt jedoch diese Theorie, die durch keinerlei Knochenfunde oder bildliche Überlieferungen sicher zu beweisen ist. Tatsache ist, daß in weiten Teilen der Schweiz von jeher kräftige, mittelgroße Hunde anzutreffen waren, die von den einen als Küherhunde, von anderen als Bauernspitze bezeichnet wurden. Die Farben dieser Hunde waren wohl nur selten so, wie sie

Sieger Leo Greiner, einer der bekanntesten Rüden aus der Frühzeit der Berner-Sennenhunde-Zucht

unsere heutigen Sennenhunde aufweisen, sondern es überwogen die braunen und roten Tiere. Im Vordergrund standen mit Sicherheit die Gebrauchseigenschaften. Die Bauern wollten einen kräftigen Hund, der Haus und Hof bewachte, nicht wilderte und als Viehtreiber genutzt werden konnte. Durch die Abgeschiedenheit der Gebiete, in denen die Hunde vorkamen, hatten sich vor Beginn der Reinzucht bereits Lokalschläge gebildet, die durch häufige Inzucht in Typ und Wesen einigermaßen ausgeglichen waren und relativ rein vererbten. Unser heutiger Berner Sennenhund ist ein Abkömmling dieser Bauernhunde.

Beginn der Reinzucht

Als im Jahr 1883 die Schweizer Kynologische Gesellschaft gegründet wurde, sprach noch niemand von den Berner Sennenhunden. Vielmehr war gerade der Bernhardiner ganz groß in Mode, und auch aus dem Ausland wurden Hunde importiert. Die ursprünglichen Bauernhunde wurden von ihnen leider immer mehr verdrängt. Für diese Bauernhunde bestand auch damals noch kein einheitlicher Rassename. Im Emmental hießen sie die „Gelbbäckler“. Meist wurden sie jedoch nach ihrer Zeichnung „Ringi“, „Blässli“ oder „Bärri“ genannt. Man sprach in kynologischen Kreisen damals verächtlich von den „stammbaumlosen Bauernhunden“. Doch ganz vertreiben und ausrotten ließen sie sich nicht.

Vor allem im Dürrbachgebiet, südlich von Bern gelegen, hatte sich ein guter Rest auf verstreut gelegenen Bauernhöfen gehalten. Hier kaufte Franz Schertenleib 1892 seinen ersten „Dürrbächler“, so nannte man die Hunde in diesem Gebiet, und brachte ihn nach Burgdorf. Hier erkannten ihn die älteren Leute mit Freude als den guten, alten „Gelbbäckler“. Der Probst aus Bern wies erstmals im Jahr 1899 in kynologischen Sportkreisen auf diese Rasse hin. Er war es auch, der, zusammen mit Deppeler, 1904 eine Versuchsklasse für Dürrbächler an der Hundeausstellung in Bern anregte. Er hatte dann als Richter sieben Sennenhunde – sechs Rüden und eine Hündin – zu beurteilen. Vier dieser Hunde wurden in das Schweizerische Hundestammbuch eingetragen. Der Dürrbächler hatte Eingang in die Kynologie gefunden.

Max Schafroth, ein Fabrikant aus Burgdorf, gilt als der eigentliche Begründer der Schweizer Zucht. Ihm folgten Schertenleib, Mumenthaler und Dr. Scheidegger. Vor allem Schertenleib machte auf seinen Reisen ins Gurnigelgebiet und ins Emmental immer wieder Hunde ausfindig, die ihm als typische Sennenhunde erschienen. Er kaufte sie den

Aus der Sammlung des großen Sennenhund-Förderers Prof. Albert Heim (1849–1937): Sieger Leo zu Füßen einer Frau in Berner Tracht

Bauern ab und führte sie der Reinzucht zu.

Nach der Ausstellung in Luzern wurde im November 1907 der „Schweizerische Dürrbachklub" ins Leben gerufen. Professor Heim aus Zürich wurde als bekannter Kynologe und Richter immer wieder zu den Ausstellungen des Klubs eingeladen. Im „Schweizerischen Zentralblatt für Jagd- und Hundeliebhaber" (Zürich) veröffentlichte er regelmäßig seine Richterberichte und besprach mit den Mitgliedern des jungen Vereins alle Fragen und auftretenden Zuchtprobleme. Er gilt als der größte Förderer der Schweizer Sennenhunde. Im Jahr 1908 schlug er für den sogenannten Dürrbächler den Namen „Berner Sennenhund" vor.

Vater und Tochter
mit ihren Sennern
(Sammlung Prof. Heim)

Der Spezialklub nahm diesen Vorschlag an und wandelte seinen Namen in „Berner Sennenhund Klub“ um. Nun ging es rasch aufwärts.

Am 24. April 1910 fand in Burgdorf eine Spezialschau für Berner Sennenhunde statt, auf der 107 Hunde vorgeführt wurden. Damals wurden alle Berner-Sennenhund-Besitzer aufgefordert, ihre Hunde von Professor Heim kostenlos beurteilen zu lassen. Nur acht Hunde schieden als nicht

Zwei Berner Sennenhunde auf der Überfahrt nach Amerika

zur Rasse gehörend aus. Heim bezeichnete damals dreiviertel der vorgeführten Hunde als gute, zur Zucht zu empfehlende Vertreter ihrer Rasse. Doch sollte diese optimistische Schilderung uns nicht darüber hinwegtäuschen, daß viele Tiere nicht unseren heutigen Zuchtzielen entsprachen. Es gab immer wieder Hunde mit gelbem und braunem Mantel. Auch war das Haarkleid der meisten sehr kraus. Die heute so verpönte Ringelrute galt damals zeitweise als erstrebenswertes Rassemerkmal.

Zum Glück änderte sich der Geschmack bald wieder, und man wünschte die Rute schwebend oder hängend. Leider ist dieses Zuchtziel aber auch heute noch nicht bei allen Hunden erreicht, ja es scheint, daß in den letzten Jahren wieder mehr Hunde mit sehr hoch getragener Rute auf unseren Ausstellungen anzutreffen sind. In Typ und Größe war noch keine große Ausgeglichenheit festzustellen. Die Widerristhöhen schwankten zwischen 50 und 73 cm. Neben setterhaften Hunden gab es sehr grobe, gedrungene.

Professor Heim empfahl, in der Zucht den goldenen Mittelweg zu wählen und dem Berner eine gewisse Derbheit zu erhalten. Er warnte auch bereits vor einer Überbewertung der

Kunstmaler Frank Behrens aus Schleißheim mit seinen Berner Sennenhunden, eine Aufnahme aus den zwanziger Jahren. Rechts der Rüde Cato vom Sieberhaus, der „Stammvater" der Zucht in Deutschland

Farbzeichnung. Ein gutes Gebäude und ein typisches Erscheinungsbild sollten immer im Vordergrund stehen.

So kam der Berner Sennenhund nach Deutschland

Bereits 1911 kam als erster Berner Sennenhund der Rüde Senn vom Schloßgut mit der Schweizer Zuchtbuchnummer SHSB 10331 aus dem Zwinger Schertenleib zu dem Kunstmalerehepaar Frank und Nanny Behrens nach Schleißheim bei München. Professor Heim empfahl ihnen die Anschaffung eines Schweizer Sennenhundes, nachdem sie sich auf den Ausstellungen in München nicht auf eine Rasse einigen konnten. Im Frühjahr 1914 wurden ebenfalls in München erstmalig 20 Schweizer Sennenhunde im Ausland vorgeführt. Sie erregten großes Aufsehen und wurden von Münchner Zeitungen als Glanzteil der Schau hervorgehoben. Viele Hundeliebhaber interessierten sich damals für die Anschaffung eines Sennenhundes. Leider wurden durch den Beginn des Ersten Weltkrieges alle Bestrebungen, den Berner in Deutschland bekannt zu machen, verzögert. Nanny Behrens entschloß sich jedoch, allen Bedenken zum Trotz, im Jahr 1917 zur Anschaffung eines zweiten Berners. Diesmal war es eine Hündin, und zwar Regina von Oberaargau SHSB 8709 aus dem Zwinger Dr. Scheidegger. Sie wurde die Stammhündin des Zwingers „Vom Sieberhaus".

Im Januar 1919 war es dann endlich soweit: Die ersten in Deutschland gezüchteten Berner Sennenhunde kamen in Schleißheim zur Welt. 1920 wurde Regina von dem Schweizer Sieger Leo Greiner SHSB 9018 gedeckt. Dieser Verbindung entstammte der Rüde Cato vom Sieberhaus SSZ B/BS 8, der als Stammvater der weiteren Zucht in Deutschland bezeichnet werden kann.

Dem unermüdlichen Einsatz von Nanny und Frank Behrens ist es zu verdanken, daß der Berner Sennenhund in relativ kurzer Zeit bei uns bekannt wurde. Sie zeigten ihre Tiere auf vielen Ausstellungen, und Nanny Behrens führte vor allem die selbst abgerichtete Regina von Oberaargau auf anerkannten Schutzhundprüfungen. Im August 1923 gründete sie zusammen mit Max Näther, Hans Glockner, Götz, Bernhard Rappaport und dem vielen noch bekannten Georg Regner in München den Schweizer Sennenhundverein für Deutschland.

Der Standard für Berner entsprach schon damals in fast allen Teilen dem heutigen. Nur in der Farbzeichnung war man großzügiger. Die heute unerwünschten Nackenflecke und Halsringe waren zwar nicht Bedingung, doch gern gesehen. Wörtlich hieß es unter anderem: „Die Farbzeichnung soll möglichst symmetrisch sein, harmonisch im ganzen. Nie soll aber auf bestimmte Größen der Farbabzeichen und strengste Farbsymmetrie gezüchtet werden. Viel lieber soll ein Hund vom anderen zu unterscheiden sein, der eine mehr, der andere weniger Weiß haben. Das Ideal liegt nirgends in der Gleichheit aller. Guter Bau und schöne Durchführung des Typus sind die Hauptsachen."

Gerade dieser letzte Satz sollte auch heute noch in der Zucht des Berner Sennenhundes richtungweisend sein, wenn uns auch durch eine bedeutend größere Population eine strengere Beurteilung der Farbzeichnung erlaubt ist.

In das Zuchtbuch des SSV wurden im Gründungsjahr 37 Hunde eingetragen. Sie wurden jedoch zum großen Teil bereits vor Vereinsgründung importiert beziehungsweise geworfen. In den nächsten Jahren schwankten die Zahlen sehr stark, waren aber erheblich niedriger. Die Haltung und Zucht der Hunde war in der damaligen, wirtschaftlich schwierigen Zeit mit viel Mühe und Opfern verbunden, wie wir uns dies heute kaum vorstellen können. Trotz aller Widerstände verbreitete sich der Berner Sennenhund von Bayern ausgehend über ganz Deutschland. In das Zuchtbuch 1980 des SSV wurden bereits 102 Würfe Berner Sennenhunde mit 546 Welpen und 19 Importhunden eingetragen. Heute ist der Berner in ganz Europa und Übersee vertreten.

Charakter – Verwendung

Wie schon erwähnt, waren die Schweizer Sennenhunde bereits vor Beginn ihrer Reinzucht Gebrauchshunde. Sie hatten vielerlei Aufgaben zu erfüllen. Hierzu gehörte in erster Linie das Hüten und Treiben der Viehherden und das Suchen nach verlorenem Vieh. Sie zeigten sich hierbei so anstellig, daß sie gut und gern jeweils zwei Hirten ersetzten. Auf Weiden, auf denen Vieh aus verschiedenen Ställen gehalten wurde, waren sie in der Lage, die Tiere ihres eigenen Herrn in kurzer Zeit aus der Herde zu holen. Ebenso vertrieben sie fremdes Vieh von den Weiden ihres Besitzers. Sie konnten also das eigene Vieh von fremdem unterscheiden. Das ist nur dadurch zu erklären, daß das Vieh wohl neben seinem Artgeruch noch einen spezifischen Stallgeruch verbreitet. Als weiteres Erkennungsmerkmal käme noch der vertraute Ton der Kuhglocken in Frage. Hunde haben ja bekanntlich ein sehr feines Gehör.

Berner Sennenhunde waren und sind auch heute noch sehr hausverbunden. Obwohl die Grenzen der Gehöfte in der Schweiz nicht durch Zäune zu erkennen waren, kannte sie ein guter Berner ganz genau.

Dafür, daß die Hunde im Sinne der Gebrauchstüchtigkeit gut waren, sorgten die Bauern, indem sie alle Tiere, die ihren Erwartungen nicht entsprachen, schlachteten, in Beize legten und aßen. Es fand dadurch eine viel strengere Zuchtauslese statt als heute. Wenn man ihre Arbeitskraft nicht ausnutzte und sie vernünftig behandelte, zogen die Berner mit Freude und Arbeitseifer die Milchkarren ihrer Besitzer zur Käserei. Wieviel Freude ihnen diese Arbeit machte, sieht man daran, daß es einmal zu einem regelrechten Machtkampf kam, als man einem alten Zughund seinen Lebensabend erleichtern wollte und einen jungen Rüden einspannte. Obwohl die Hunde vorher die besten Freunde waren, fiel der Alte über seinen Nachfolger her und beruhigte sich erst, nachdem man ihn erneut ins Geschirr gespannt hatte. Sofort war der Friede wiederhergestellt.

Auch von fahrenden Händlern wurden sie gern als willige und genügsame Zugtiere verwendet. Hierbei kam es leider gelegentlich zu unerfreulichen Auswüchsen. Die Tiere wurden zum Teil sehr roh behandelt und mußten tagtäglich schwere, mit Körben und Hausgeräten beladene, eisenbereifte, zweirädrige Karren zie-

Berner ziehen mit Begeisterung ihr Wägelchen

hen. Eine Hündin brachte angeschirrt auf einem Marktplatz ihre Jungen zur Welt. Durch den energischen Protest von Tierfreunden gegen diese Mißstände aufgerüttelt, erließen die Schweizer Kantone Gesetze mit strengen, zum Teil allerdings unsinnigen Auflagen für die Verwendung von Zughunden. Heute werden die Sennenhunde nur noch in seltenen Fällen zu ihren ursprünglichen Aufgaben herangezogen. Die meisten werden als reine Familienhunde gehalten. Doch das Hüten und Treiben liegt ihnen allen noch mehr oder weniger im Blut.

Wir können es selbst sehr oft bei unseren Hunden beobachten. Wenn wir mit Freunden und Bekannten eine Wanderung unternehmen und die Gruppe auseinanderfällt oder eine Person zurückbleibt, um eine schöne Aussicht länger als die anderen zu genießen, laufen unsere beiden Hündinnen zurück und versuchen, die Nachzügler durch Umkreisen und Antreiben schnell wieder zur Gruppe (Herde) zurückzubringen. Auch wenn eine Hündin sich weiter von uns entfernt und trotz Rufen und Pfeifen nicht sofort zurückkommt, wird sie von der anderen

Mit Kindern immer gut Freund

mit wütendem Gebell wieder zurückgetrieben.

Sennenhunde sind, wie alle Hirtenhunde, ihrer Familie sehr treu ergeben. Je mehr Kontakt ein Berner zu seinen Menschen hat, desto besser entwickeln sich seine guten Eigenschaften. Er ist sehr wachsam, ohne angriffslustig zu sein. Wenn er oder ein Mitglied seiner Familie jedoch angegriffen wird, wird er zu einem sehr energischen Verteidiger. Kindern ist er ganz besonders zugetan. Ihnen gegenüber ist er immer geduldig und freundlich. Seine Beschützerinstinkte sind hier besonders stark entwickelt. Wenn wir zum Beispiel unserem kleinen Sohn mal eins auf den Hosenboden geben wollten, mußten wir erst sehen, ob Arko, unser Rüde, nicht in der Nähe war. Er fuhr sonst ganz energisch dazwischen. Achten Sie jedoch darauf, daß Ihr Hund niemals von Kindern geärgert wird. Es kann sonst vorkommen, daß auch der gutmütigste Berner zubeißt und für sein ganzes Leben Kindern gegenüber mißtrauisch und aggressiv ist.

Die meisten Berner sind auch im Umgang mit ihren Artgenossen sehr friedfertig. Man wird auf Ausstellungen selten sehen, daß sich die Konkurrenten mit aggressivem Gebell angiften, wie dies bei vielen Hunden anderer Rassen der Fall ist. Bernerbesitzer bestätigen mir immer wieder, daß man ohne weiteres ein größeres Rudel sich fremder Berner abgeleint miteinander laufen und spielen lassen kann. Diese Erfahrungen kann man auch auf den Wanderungen machen, die einige Landesgruppen des Schweizer Sennenhundvereins regelmäßig durchführen. Wenn es auch zu Beginn einiges Gebrumm gibt, so legt sich das meist schnell, und alle sind friedlich. Natürlich muß man auch hier mit einigen unbelehrbaren Ausnahmen rechnen.

Ausbildung des Berner Sennenhundes

Allen Vorurteilen zum Trotz kann unser Berner Sennenhund, genau wie viele andere Rassen, mit gutem Erfolg ausgebildet werden. Gewiß sieht man sie auch heute noch verhältnismäßig selten auf den Übungsplätzen. Das hat verschiedene Gründe. Viele Bernerbesitzer und leider auch Züchter lehnen die Ausbildung mit dem Argument ab, unsere Berner wären hierzu zu schwer. Sicher muß man bei Agility und Breitensport auf die Behäbigkeit des Berners Rücksicht nehmen. Er ist nun einmal nicht so beweglich und schnell wie Hunde leichterer Rassen. Auch sollte man ihn, solange seine Gelenke und Bänder nicht gefestigt sind, nur äußerst sparsam springen lassen, da sonst Vorhandprobleme allzuleicht gefördert werden können. An die Hüftgelenke muß man in diesem Zusammenhand auch unbedingt denken.

Besonders empfehlenswert ist in unserer oft nicht sehr hundefreundlichen Umwelt die Ausbildung zum „Verkehrssicheren Begleithund". (Die Absolvierung dieser Prüfung ist ohnehin für eine weiterführende Ausbildung z. B. als Fährten-, Schutz- und Rettungshund unbedingt erforderlich.) Wie sagte bereits Goethe: „Dem Hunde, wenn er gut gezogen, wird selbst ein weiser Mann gewogen!"

Doch ist es aber gerade in ländlichen Gebieten oft sehr schwierig,

Aller Anfang ist schwer:
Berner Sennenhund beim Agility

einen geeigneten Hundesportverein zu finden. Die für spezielle Gebrauchshunderassen gegründeten örtlichen Übungsgruppen lehnen die Aufnahme und Ausbildung anderer Rassen zumeist ab.

Am besten geeignet sind Hundesportvereine, in denen viele verschiedene Rassen ausgebildet werden. Hier wird erfahrungsgemäß die größte Rücksicht auf die anatomischen und charakterlichen Eigenschaften der Hunde genommen. Bei liebevoller und geduldiger, doch konsequenter Behandlung wird der Berner immer mit Freude und Ausdauer bei der Arbeit sein.

Führen Sie Ihren Hund nach Möglichkeit selbst. Je besser die persönliche Beziehung zwischen Führer und Hund ist, desto größer sind die Erfolge.

Wie sieht es mit dem Jagdtrieb aus?

Nur ein kurzes Wort zu der Behauptung: „Sennenhunde jagen nicht!" Bitte, verlassen Sie sich nicht unbedingt darauf! Wenn auch die meisten Sennenhunde keine jagdlichen Ambitionen haben, so kenne ich doch viele, die sich sehr gut als Jagdhund eignen würden. Beobachten Sie also Ihren Junghund genau, und versuchen Sie so früh wie möglich den Jagdtrieb im Keime zu ersticken. Ich weiß aus eigener Erfahrung, daß das nicht in jedem Fall gelingt. Sie sind dann gut beraten, wenn Sie Ihren Berner in Gebieten mit Wildbestand stets an der Leine führen.

Die anderen Sennenhunde

Wie der Berner Sennenhund gehören auch Appenzeller, Entlebucher und Großer Schweizer Sennenhund zu den Schweizer Sennenhunden. Sie sollen in diesem Buch nicht unerwähnt bleiben.

Die Appenzeller und Entlebucher Sennenhunde sind sehr lebhafte, temperamentvolle Tiere, die auch heute zum Teil noch wertvolle Arbeit in landwirtschaftlichen Betrieben leisten. Sie sind, wie schon seit vielen Generationen, immer noch hervorragend zum Treiben und Hüten von Vieh geeignet. Hält man sie nur als Familienhunde, so sollte man sich viel mit ihnen beschäftigen und für genügend Auslauf sorgen. In der Ausbildung nehmen sie es mit jedem Gebrauchshund auf, da sie außer ihrem Temperament auch über eine gehörige Portion Mut und Reaktionsstärke verfügen.

Der Große Schweizer Sennenhund ist, wie schon sein Name sagt, der größte aller Schweizer Sennenhunde. Er wurde wie der Berner zum Bewachen von Haus und Hof gehalten. Seine besondere Betätigung fand er als Zughund. Professor Heim hielt ihn von allen Hunderassen

Ein Trio von Appenzeller Sennenhunden

hierzu am geeignetesten. Während des Zweiten Weltkrieges wurde er von der Schweizer Armee mit gutem Erfolg als Lasttier eingesetzt. Er trug auf kurzen Strecken, etwa 300 m, Lasten bis zu 15 kg selbständig, das heißt ohne Führer. Heute findet man ihn hauptsächlich als Haus- und Wachhund in den Häusern der Vorstädte. Er hat ein ruhiges, sicheres Wesen und ist wie alle Sennenhunde sehr anhänglich und kinderlieb.

Rassestandards der vier Schweizer Sennenhunde

Standard des Berner Sennenhundes

Ursprungsland. Schweiz.

Verwendung. Ursprünglich als Wach-, Treib- und Zughund auf Bauernhöfen, heute auch Familien- und vielseitiger Arbeitshund.

Klassifikation F. C. I. Gruppe II, Sektion 3, Schweizer Sennenhunde, ohne Arbeitsprüfung.

Allgemeines Erscheinungsbild. Langhaariger, dreifarbiger, übermittelgroßer, kräftiger und beweglicher Gebrauchshund mit stämmigen Gliedmaßen; harmonisch und ausgewogen.

Wichtiges Maßverhältnis (Format). Verhältnis der Widerristhöhe zur Körperlänge ca. 9:10; eher gedrungen als lang.

Charakter und Verhalten (Wesen). Sicher, aufmerksam, wachsam und furchtlos in Alltagssituationen, gutmütig und anhänglich im Umgang mit vertrauten Personen, selbstsicher und freundlich gegenüber Fremden; mittleres Temperament, gute Führigkeit.

Kopf. Kräftig, Oberkopf im Profil und von vorn gesehen wenig gewölbt; ausgeprägter, jedoch nicht zu starker Stirnabsatz (Stop); wenig ausgebildete Mittelfurche; kräftiger, mittellanger, gerader Fang.

Nasenspiegel. Schwarz.

Lefzen. Wenig ausgebildet und anliegend, schwarz.

Gebiß. Vollständiges, kräftiges Scherengebiß.

Augen. Dunkelbraun, mandelförmig, mit gut anliegenden Lidern.

Ohren (Behang). Dreieckig, leicht abgerundet, hochangesetzt, mittelgroß, in der Ruhe flach anliegend.

Hals. Kräftig, muskulös, mittellang.

Körper. Kräftig, kompakt.

Brust. Bis auf Ellenbogenhöhe reichend, breit, mit deutlicher Vorbrust; Rippenkorb von breit-ovalem Querschnitt.

Rücken. Fest und gerade.

Lendenpartie. Breit und kräftig.

Kruppe. Sanft abgerundet.

Bauch. Nicht aufgezogen.

Rute. Buschig, mindestens bis zum Sprunggelenk reichend, in Ruhestellung hängend, in Bewegung schwebend auf Rückenhöhe oder leicht darüber getragen.

Gliedmaßen, Vorderhand, Allgemeines. Stellung eher breit, von vorne gesehen gerade und parallel.

Schultern. Lang, kräftig, schräggestellt, mit dem Oberarm einen nicht

Bersenna's
License to kiss Kicki,
eine typische Berner
Sennenhündin

zu stumpfen Winkel bildend, anliegend und gut bemuskelt.

Vordermittelfüße, Pfoten. Nahezu senkrecht stehend, fest, kurz, rundlich und geschlossen; Zehen gut gewölbt.

Hinterhand, Allgemeines. Stellung von hinten gesehen gerade, nicht zu eng, Hintermittelfüße und Pfoten weder ein- noch auswärts gedreht; Afterkrallen müssen entfernt sein.

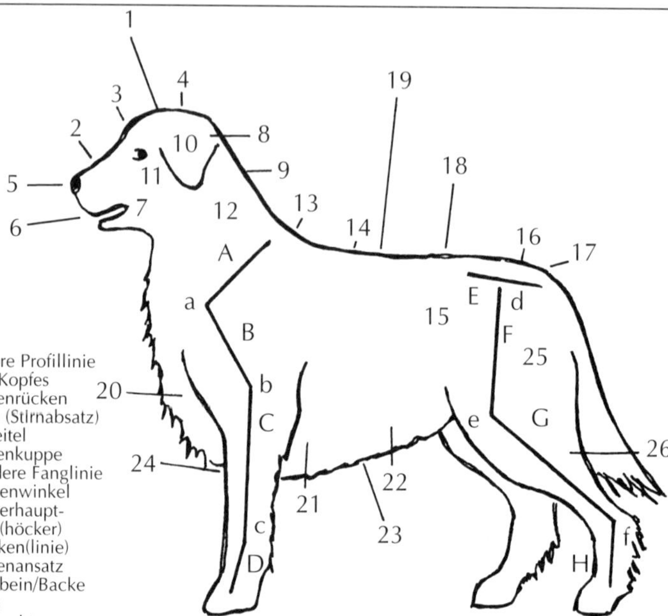

1 Obere Profillinie des Kopfes
2 Nasenrücken
3 Stop (Stirnabsatz)
4 Scheitel
5 Nasenkuppe
6 Vordere Fanglinie
7 Lippenwinkel
8 Hinterhauptbein(höcker)
9 Nacken(linie)
10 Ohrenansatz
11 Jochbein/Backe
12 Hals
13 Widerrist
14 Rücken
15 Lende/Nierenpartie
16 Kruppe
17 Rutenansatz
18 Rückenlinie
19 Obere Linie
20 Vorbrust
21 Unterbrust
22 Bauch
23 Unterlinie
24 Unterarm
25 Oberschenkel
26 Unterschenkel
A Schulterblatt
B Oberarmknochen
C Unterarmknochen
D Vordermittelfußskelett
a Schulter- oder Buggelenk
b Ellenbogengelenk
c Vorderfußwurzelgelenk
E Becken
F Oberschenkelknochen
G Unterschenkelknochen
H Hintermittelfußskelett
d Hüftgelenk
e Kniegelenk
f Sprunggelenk

Berner Sennenhund

1 Körperumrißskizze mit Angabe einiger Gebäudepunkte und Exterieurbezeichnungen (Ziffern), eingezeichneten Skelettlinien (große Buchstaben) und Angabe wichtiger Gelenke (kleine Buchstaben)

Oberschenkel. Ziemlich lang, von der Seite gesehen mit dem Unterschenkel einen deutlichen Winkel bildend, breit, kräftig und gut bemuskelt.

Sprunggelenke. Kräftig und gut gewinkelt.

Gangwerk. Raumgreifender, gleichmäßiger Bewegungsablauf in allen Gangarten; ausgreifender, freier Vortritt und guter Schub aus der Hinterhand; im Trab von vorn und von hinten betrachtet geradlinige Gliedmaßenführung.

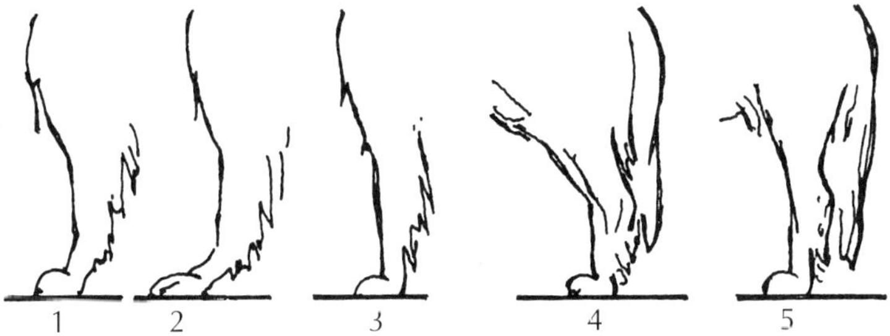

2 Die Läufe in Seitenansicht (1 bis 3 Vorderläufe, 4 bis 5 Hinterläufe)

1 Korrekter Stand, richtig gewinkelter Vordermittelfuß, runde, geschlossene Pfoten (zur Zucht erwünscht)
2 Fehler: Durchgetretener Vordermittelfuß, Hasenpfote (zur Zucht nicht erwünscht).
3 Mangel: Steiler Stand (nicht erwünscht).
4 Korrekte Stellung des Hinterbeines (zur Zucht erwünscht).
5 Fehler: Steiler Stand des Hinterbeines (zur Zucht nicht erwünscht).

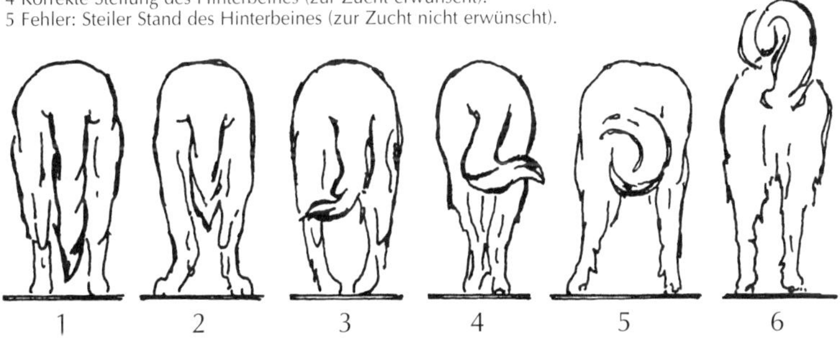

3 Hinterhand (Kruppe, Läufe, Rute)

1 Korrekte, gute Stellung der Hintergliedmaßen, gute Kruppenform, untadelige Rutenhaltung, normale Länge der Rute (zur Zucht erwünscht).
2 Fehler: Kuhhessige Hinterhandstellung (zur Zucht unerwünscht), gute Kruppenform, zu kurze Rute (nicht erwünscht).
3 Fehler: Faßbeinige Stellung der Hinterbeine, Pfotenenge (zur Zucht unerwünscht), gute Kruppenform, Rute mit Schwenker (erlaubt).
4 Hacken- und bodenenge Stellung der Hinterläufe, ausgedrehte Kniegelenke, Kruppe seitlich abgeflacht, Hakenrute (zur Zucht unerwünscht).
5 Fehler: Gespreizter, sogenannter bodenweicher Stand der Hinterläufe, plumpe Kruppe (zur Zucht nicht erwünscht), Ringelrute (zur Zucht unerwünscht).
6 Fehler: Über dem Rücken getragene Ringelrute (zuchtuntauglich), sonst korrekte Hinterhandstellung.

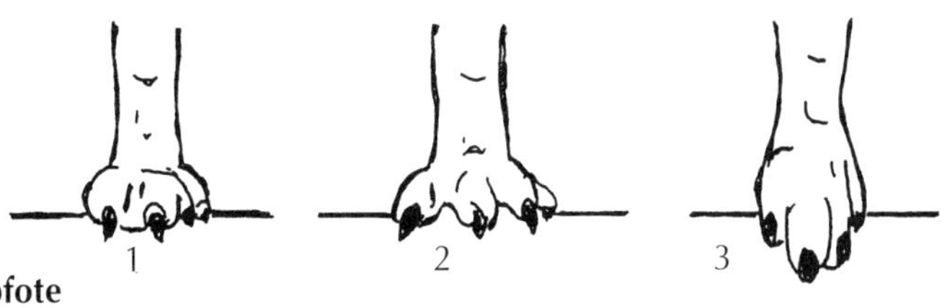

4 Vorderpfote

1 Rundlich, geschlossen, gewölbt (zur Zucht erwünscht).
2 Gespreizt, offen (nicht erwünscht).
3 Lang, schmal, flach (Hasenpfote, zur Zucht nicht erwünscht).

Haarkleid, Beschaffenheit des Haares. Lang, schlicht oder leicht gewellt.

Farbe. Tiefschwarze Grundfarbe mit sattem braunrotem Brand an den Backen, über den Augen an allen vier Läufen und auf der Brust; weiße, saubere, symmetrische Kopfzeichnung (Blesse und Fangzeichnung); weiße, mäßig breite, durchgehende Kehl- und Brustzeichnung).

Erwünscht: Weiße Pfoten, weiße Rutenspitze.

Nicht erwünscht, jedoch toleriert: Kleiner weißer Nackenfleck, weißer Afterfleck.

Größe. Rüden 64 bis 70 cm Widerristhöhe, ideal 66 bis 68 cm, Hündinnen 58 bis 66 cm Widerristhöhe, ideal 60 bis 63 cm.

Fehler. Jede Abweichung von den vorgenannten Punkten ist als Fehler anzusehen. Dessen Bewertung muß im Verhältnis zum Grad der Abweichung stehen und mitberücksichtigen, inwieweit Wesentliches beeinträchtigt ist.

Schwere Fehler, Wesensmängel. Ängstlichkeit, Aggressivität, Vorbiß, Rückbiß, Fehlen von anderen Zähnen als höchstens zwei P1, Entropium, Ektropium, stark abfallende Rückenlinie, Ringelrute, Knickrute, feine Knochen, Kraushaar.

Atypische Zeichnung:

- fehlende Kopfzeichnung
- zu breite Blesse (zwischen der Blesse und den rotbraunen Flecken über den Augen muß ein Streifen Schwarz verbleiben)
- weiße Fangzeichnung, die weiter als bis zu den Lefzenwinkeln reicht
- großer Nackenfleck
- weißer Halskragen – weiße Stiefel (Weiß bis über die Mitte des Vordermittelfußes reichend)
- auffallend asymmetrische Kopf- und Brustzeichnung.

Von der Bewertung ausschließende Fehler:

- Spaltnase
- blaue Augen
- kurz- und Stockhaar
- fehlende Dreifarbigkeit
- andersfarbiger als schwarzer Mantel.

N. B.: Rüden müssen zwei offensichtlich normal entwickelte Hoden aufweisen, die sich vollständig im Skrotum befinden.

Standard des Entlebucher Sennenhundes (Auszug)

Verwendung. Treib-, Hüte-, Wach-, Haus- und Hofhund. Heute auch vielseitiger Arbeitshund.

Allgemeines Erscheinungsbild. Knapp mittelgroßer, kompakt gebauter Hund von leicht gestrecktem Format, dreifarbig wie alle schweizerischen Sennenhunde. Aufgeweckter, kluger und freundlicher Gesichtsausdruck.

Entlebucher Sennenhündin Alpina v. Ginsterbusch

Größe. Rüden 44–50 cm, Toleranz bis 52 cm, Hündinnen 42–48 cm, Toleranz bis 50 cm.

Haarkleid. Stockhaar. Deckhaar kurz, festanliegend, hart und glänzend. Unterwolle dicht.

Farbe und Zeichnung. Typische Dreifarbigkeit. Grundfarbe schwarz mit gelb- bis rostbraunen Abzeichen an den Backen, über den Augen und an allen vier Läufen, weiße, leichte bis mittelstarke symmetrische Kopfzeichnung (Blesse) und Brustkreuz, weiße Pfoten.

Kopf. Flacher Scheitel, leichter Stirnansatz, kräftiger Fang, von Stirn und Backe deutlich abgesetzt; trockene Lefzen, Ohren hoch und relativ breit angesetzt, hängend und unten gut abgerundet; Augen ziemlich klein, dunkel und rundlich. Ausdruck: Lebhaft, freundlich, aufmerksam. Lider gut anliegend.

Körper. Kräftig, leicht langgestreckt; tiefe, breite Brust, gerader, fester Rücken, breit und relativ lang.

Rute. In Fortsetzung der leicht abfallenden Kruppe angesetzte natürliche Rute; angestrebt wird eine schwebend oder hängend getragene Rute (gültig ab Inkrafttreten des Rutenkupierverbots) oder angeborene Stummelrute.

Standard des Großen Schweizer Sennenhundes (Auszug)

Verwendung. Ursprünglich Wach- und Zughund, heute auch Begleit-, Schutz- und Familienhund.

Allgemeines Erscheinungsbild. Dreifarbiger, stämmiger, starkknochiger und gut bemuskelter Hund. Trotz seiner Größe und seines Gewichtes beweist er Ausdauer und Beweglichkeit.

Größe. Rüden 65–72 cm, Hündinnen 60–68 cm.

Haarkleid. Stockhaar mit dichtem mittellangem Deckhaar und dichter möglichst dunkelgrau bis schwarz gefärbter Unterwolle. Kurzes Deck-

Großer Schweizer Sennenhund. Rüde mit markanter Zeichnung

haar ist bei vorhandener Unterwolle zulässig.
Farbe und Zeichnung. Glänzend schwarz mit leuchtend braunrotem Brand an den Backen, über den Augen und an allen vier Läufen; weiße, leichte bis mittelstarke symmetrische Kopfzeichnung (Blesse) und Brustkreuz, weiße Pfoten und Rutenspitze. Weißer Nackenfleck oder weißer Halsring toleriert.
Kopf. Dem Körper entsprechend kräftig, aber nicht schwer, mit wenig ausgeprägtem Stop, mittellangem, kräftigem Fang, trockene Lefzen; Augen mandelförmig, mittelgroß, dunkel, Lider gut geschlossen; Ohren mittelgroß, dreieckig und ziemlich hoch angesetzt.
Körper. Tiefe, breite Brust, rundovaler Rippenkorb; Rücken mässig lang, kräftig und gerade; Kruppe schön abgerundet; Rute ziemlich schwer, hängend, gerade getragen; Gliedmaßen kräftig, gerade, gut gewinkelt. Pfoten rundlich und geschlossen.

Standard des Appenzeller Sennenhundes (Auszug)

Verwendung. Treib-, Hüte-, Wach-, Haus- und Hofhund. Heute auch vielseitiger Arbeits- und Familienhund.
Allgemeines Erscheinungsbild. Dreifarbiger, mittelgroßer, fast quadratisch gebauter Hund, in allen Tei-

Appenzellerhündin
Daphne v. d. Erftquelle

len harmonisch ausgeglichen, muskulös, mit pfiffigem Gesichtsausdruck.
Größe. Rüden 51–56 cm, Toleranz 50–58 cm, Hündinnen 50–54 cm, Toleranz 48–56 cm.
Haarkleid. Stockhaar, fest und anliegend.
Farbe und Zeichnung. Grundfarbe schwarz oder havannabraun, mit symmetrischen rostbraunen und weißen Abzeichen. Rostbraune Abzeichen über den Augen, an den Backen und an allen vier Läufen sowie an der Brust (links und rechts im Bereich des Schulter-Oberarm-Gelenks). Weiße Abzeichen: leichte bis mittelstarke, symmetrische Kopfzeichnung (Blesse) Brustkreuz, weiße Pfoten, weiß an der Rutenspitze. Weißer Nackenfleck oder halber Halsring toleriert. Durchgehender dünner weißer Halsring zwar toleriert, aber nicht erwünscht.
Kopf. Oberkopf ziemlich flach, dunkle, etwas schräg gegen die Nase gestellte, mandelförmige Augen; geschlossene Lider; Ohren ziemlich hoch und breit angesetzt, hängend; dreieckig, an der Spitze leicht abgerundet.
Körper. Breite, tiefe Brust, rund gewölbte Rippen; kräftige Brust- und Schultermuskulatur; gerader Rücken; breite Lenden; in der Bewegung hochgetragene, über die Kruppe seitlich gerollte Rute; Glieder gerade, kräftig, gut bemuskelt, mit gut gewinkelten Sprunggelenken. Pfoten rundlich geschlossen.

Gebiß des Hundes

Das Gebiß eines ausgewachsenen Hundes besteht aus 42 Zähnen: Im Oberkiefer sitzen 20 und im Unterkiefer 22. Es sind insgesamt 10 Molare, 16 Prämolare, 4 Fangzähne und 12 Schneidezähne. Aus 32 Zähnen besteht das Gebiß eines Welpen. Der Zahnwechsel findet im Alter von vier bis sechs Monaten statt. Zuchtausschließende Zahnfehler sind in Deutschland: Vorbiß, Unterbiß sowie fehlende Zähne. Einige europäische Zuchtverbände tolerieren fehlende Prämolare.

Wir möchten einen Berner Sennenhund kaufen

Voraussetzungen

Bevor Sie sich zum Kauf eines Berners entschließen, sollten Sie genau prüfen, ob Ihre räumlichen Verhältnisse es erlauben, solch einen großen Hund zu halten, und außerdem, ob auch Ihre Familie bereit ist, Unbequemlichkeiten auf sich zu nehmen und immer für den Hund dazusein. Er muß täglich mehrmals, auch bei schlechter Witterung, ausgeführt werden. Sie müssen die erforderliche Zeit für seine Pflege aufbringen und, sollte er einmal krank werden, eventuell auch einen Teil Ihrer Nachtruhe für ihn opfern. Grundsätzlich kann man sagen, nur wirkliche Hundeliebhaber sollten sich einen Hund anschaffen. Niemals sollten Repräsentationsgründe ausschlaggebend sein. Sie würden schon nach kurzer Zeit Ihrer Verpflichtungen überdrüssig werden, und der Hund wäre der Leidtragende.

Zuerst die Frage der Unterbringung: Ideal wäre es für den Hund natürlich, wenn Sie über ein Haus mit Garten verfügen. Falls Ihr Grundstück sicher eingezäunt ist, kann er bei guter Witterung täglich einige Stunden allein draußen verbringen, und Sie können sich eventuell einen Spaziergang ersparen. Doch Vorsicht! Auch im eigenen Garten müssen Ihrem kleinen Berner von Anfang an gewisse Grenzen gesetzt werden. Sie würden Ihre Blumenbeete und den gut gepflegten Rasen sonst nach kurzer Zeit nicht wiedererkennen. Gewöhnen Sie ihn gleich an eine bestimmte Stelle zum Harn- und Kotabsetzen. Ihr Rasen ist andernfalls sehr schnell von Häufchen und braunen, abgestorbenen Stellen verunziert. Sollten Sie einen Rüden halten, würden die Sträucher sich in Höhe seines Harnstrahls braun verfärben und die Blumen eingehen, sobald er anfangt, sein Bein zu heben. Ebenso müssen Sie energisch eingreifen, wenn Ihr neuer Hausgenosse Löcher in Ihren Rasen gräbt. Nichts macht ihm mehr Spaß, als Ihre Blumenzwiebeln auszubuddeln.

Unsere Freunde pflanzten im Frühjahr einen kleinen Obstbaum, den sie einige Tage später vermißten. Nachdem sie bereits glaubten, er wäre gestohlen worden, fanden sie ihn am anderen Ende des Gartens. Amboß, ihr 20 Wochen alter Berner, hatte ihn ausgegraben und dorthin verschleppt.

Im Haus sollten Sie dem Hund einen geeigneten Schlaf- und Liege-

Wachsamer Babysitter Axel v. Scheidebaum

platz zuweisen können. Hierzu eignet sich die Diele oder ein anderer, zugfreier Platz, außer in Heizungsnähe. Als Unterlage haben sich sogenannte Ved- und Drybetten bestens bewährt. Sie lassen sich in der Maschine waschen und sind im Handumdrehen wieder trocken.

Sie können einen Berner natürlich auch in der Mietwohnung halten. Nur sollte sie nicht in den oberen Etagen liegen; es sei denn, es ist ein Aufzug verfügbar. Bei Hundehaltung in der Wohnung sollten Sie sich genau über die Auslaufmöglichkeiten informieren. Täglich zwei bis drei Spaziergänge, auf denen sich der Berner richtig austoben kann, sind unbedingt erforderlich. Vor allen Dingen lassen Sie sich vor dem Kauf eines Welpen von Ihrem Vermieter schriftlich die Erlaubnis zur Hundehaltung geben. Wenn Sie die Absicht haben, Ihren Hund stundenweise im Zwinger zu halten, so bedenken Sie beim Kauf beziehungsweise Erstellen einer Zwingeranlage die Größe des Hundes. Die Mindestanforderungen wurden zwar von der Bundesregierung durch eine Rechtsverordnung zum Tierschutzgesetz vorgegeben, doch sollte die Anlage so groß wie möglich gebaut werden. Neben Sonne sollte dem Hund auch jederzeit ein Schattenplatz zur Verfügung stehen. Als Untergrund im Auslauf hat sich bei uns Kies sehr gut bewährt. Wir haben nach einer Anregung Dr. Räbers in seinem Buch „Brevier neuzeitlicher Hundezucht" den Boden etwa 40 cm tief ausgehoben. Als untere Lage wurde eine Schicht dicker Kieselsteine eingebracht. Hierauf eine Lage Feinkies. Der Kies hat den Vorteil, daß er nach Regen sehr schnell abtrocknet. Kot läßt sich gut entfernen. Eine Desinfektion sollte man aber von Zeit zu Zeit durchführen.

Werden Welpen in dem Zwinger aufgezogen, muß der Kiesbelag nach einigen Jahren ausgewechselt werden. Gut geeignet ist auch ein tiefer Sandboden. Die Sandschicht muß aber schon sehr dick sein, da der Junghund sonst beim Buddeln die Erde nach oben holt und der Sand schnell verschmutzt ist. Von Grasboden ist abzuraten. Er sieht nur am Anfang schön aus. Schon bald verwandelt er sich unter den dicken Bernerpfoten in eine Schlammwüste. Beton- oder Steinboden mit leichtem Gefälle läßt sich natürlich sehr gut sauberhalten. Doch sollte unbedingt ein großer Liegeplatz aus Holz mit einigen Zentimetern Luft zum Beton eingebracht werden. Der einfache Steinboden ist im Winter zu kalt, und eine Nierenentzündung oder Rheuma wäre die nicht auszuschließende Folge. Die Hütte muß gegen Kälte und Feuchtigkeit gut gedämmt sein und sollte aus einem zugfreien Schlafplatz und einem überdachten Liegeplatz bestehen. Als Unterlage ist in der Hütte eine Kokosmatte geeignet. Im Winter gibt man am besten eine dicke Lage Weizenstroh hinein, das regelmäßig ausgewechselt wird. Besonders bei nasser Witterung wird das häufig nötig sein. Um Regen und Schnee abzuhalten, sollte zumindest ein großer Teil der gesamten Zwingeranlage überdacht werden. Auch wenn die Anlage sehr schön ist, so möchte ich Ihnen doch dringend abraten, Ihren Berner ausschließlich im Zwinger zu halten. Er braucht täglich den engen Kontakt zu seiner Familie. Nur dann kann er seine liebenswerten Eigenschaften entfalten.

Kosten, die Ihnen ins Haus stehen

Futter. Die Aufzucht und Haltung eines großen Hundes ist keine billige Angelegenheit. Vor allem während des Wachstums benötigt der Berner gutes, hochwertiges Futter mit eingeschränktem Eiweißgehalt (max. 22 %). Er soll dabei keinesfalls fett werden, noch zu schnell wachsen.

Beachten Sie die Regel „Qualität geht vor Quantität". Genauere Anleitungen zur Fütterung finden Sie im Kapitel „Ernährung".

Tierarzt. Wenn die Berner auch „robuste Kerle" sind, können Ihnen neben den jährlichen Impfungskosten doch erhebliche weitere Auslagen durch Krankheit und Verletzungen entstehen.

Haftpflichtversicherung. Nach § 833 BGB haftet ein Hundehalter für alle von seinem Hund angerichteten Schäden. Sagen Sie nicht, mein Hund ist so gut erzogen, ich benötige keine Versicherung! Bedenken Sie beispielsweise die Schäden, die ein Hund durch einen Verkehrsunfall anrichten kann. Selbst ein sehr folgsamer Hund läuft eventuell beim Anblick einer Katze oder einer ihm bekannten Person plötzlich auf die Straße. Die Kosten, die dann bei einem Unfall unweigerlich auf Sie zukommen, stehen in keinem Verhältnis zur jährlichen Versicherungsprämie. Bevor Sie eine solche Tierhalter-Haftpflichtversicherung abschließen, sollten Sie die Angebote der verschiedenen Gesellschaften sorgfältig prüfen, da bei der Höhe der Prämien erhebliche Unterschiede bestehen. Weitere wichtige Informationen können Sie im Buch „Rechtskunde für Hundehalter" erfahren.

Hundesteuer. Wenn Sie einen Hund angeschafft haben, sind Sie verpflichtet, dieses dem Ordnungs- oder Steueramt Ihrer Gemeinde zu melden. Der Steuersatz ist von Ort zu Ort unterschiedlich. In ländlichen Bezirken liegt er meist niedriger als in größeren Städten.

Urlaub

Nicht an jeden Urlaubsort können Sie einen Berner mitnehmen. Viele Hotels und Pensionen lehnen die Auf-

Urlaub an der See

nahme eines Hundes entschieden ab. Erkundigen Sie sich daher rechtzeitig, bevor Sie mit Ihrem Hund anreisen, ob er in dem Ferienquartier erwünscht ist.

Wir verbringen jedes Jahr den Urlaub mit unseren Hunden in einem Ferienhaus. Die Hunde können sich dort viel freier bewegen und stören keine weiteren Gäste. Sie müssen sich aber vor dem Buchen beim Vermieter versichern, daß das Mitbringen von Hunden erlaubt ist.

Wenn Sie eine Reise in warme, südliche Länder planen, sollten Sie Ihren Berner unbedingt zu Hause lassen und sich nach einer Unterbringungsmöglichkeit umsehen. Vielleicht haben Sie Glück, und der Züchter nimmt Ihren Hund zu sich. Gut wäre, wenn Verwandte oder Freunde für die Dauer Ihrer Ferien in Ihr Haus oder Ihre Wohnung ziehen und den Hund hier versorgen würden. Geht das nicht, schauen Sie frühzeitig nach einer guten Tierpension. Fahren Sie hin und prüfen Sie, ob Unterbringung und Versorgung Ihren Vorstellungen entsprechen.

All das vorstehend Gesagte sollte möglichst vor der Anschaffung eines Welpen mit Ihrer Familie besprochen und geregelt werden. Wenn Sie festgestellt haben, daß die erforderlichen räumlichen Verhältnisse gegeben sind, die Urlaubsfrage geklärt ist und auch Sie bereit sind, persönliche und finanzielle Opfer zu bringen, steht der Anschaffung eines Berners nichts mehr im Wege.

Wir erwerben einen Berner Sennenhund

Wo kaufen wir unseren Hund?

In jedem Fall beim seriösen Züchter! Wenden Sie sich an den Schweizer Sennenhundverein oder an den entsprechenden Zuchtverband in Ihrem Land. (Die wichtigsten Anschriften finden Sie auf Seite 101 dieses Buches.)

Sieben Wochen alter Rüde

Man wird Ihnen gern die Anschriften von Züchtern geben, die gerade Welpen haben oder in Kürze erwarten. Keine Bange, Sie brauchen deswegen nicht Mitglied des Vereins zu werden. Melden Sie sich zu einem unverbindlichen Besuch beim Züchter an, und schauen Sie sich genau um. Der Zwinger beziehungsweise der Raum, in dem die Welpen aufgezogen werden, sollte in einem einwandfrei sauberen Zustand sein. Ebenso die Futter- und Wasserschüsseln. Prüfen Sie, ob die Hunde die Möglichkeit haben, sich ausreichend in frischer Luft und Sonne auszutoben. Wie verhalten sie sich ihrem Züchter und Ihnen gegenüber? Kommen sie freudig herbei und wollen gestreichelt werden, oder sind sie mißtrauisch und drücken sich aneinander in eine Ecke?

Einen scheuen, ängstlichen Welpen sollten Sie nicht kaufen. Sie werden diese Scheu nur sehr schwer, in vielen Fällen aber gar nicht aus dem Hund herausbekommen. Nur wenn der Welpe bereits während der Prägephase, die in der vierten Lebenswoche beginnt und in der achten Woche in die Sozialisierungsphase übergeht, sehr viel Kontakt mit mehreren Personen hat, kann er sich zu einem aufgeschlossenen, menschenfreundlichen Hund entwickeln.

Welpen, die richtig aufgezogen sind, befinden sich in einem guten Futterzustand. Sie haben weder Husten noch Durchfall, und sie sind jederzeit zu einem Spielchen aufgelegt. Wenn Sie das Pech haben, kurz nach dem Füttern im Zwinger einzutreffen, werden Sie allerdings die ganze Bande verschlafen und träge antreffen. Ist im Welpenzwinger und bei den Welpen selbst soweit alles in Ordnung, schauen Sie sich auch die Mutter genau an. Wie ist ihr Wesen, und in welchem Zustand befindet sie sich? Lassen Sie sich die Papiere (Ahnentafel, Kör- und Deckschein) zeigen, und fragen Sie nach dem Grad der Hüftgelenksdysplasie der Elterntiere. (Auf dieses Thema wird im Kapitel „Hüftgelenksdysplasie“, kurz HD genannt, in diesem Buch noch ausführlich eingegangen.)

Wenn es möglich ist, sollten Sie mehrere Züchter besuchen und sehr genau vergleichen. Fragen Sie nach der Fütterung, den durchgeführten Wurmkuren und der Impfung. Alle Züchter im SSV oder dem für Sie zuständigen Zuchtverband werden von einem Zuchtwart betreut und überwacht. Trotzdem gibt es Unterschiede in der Haltung und Aufzucht. Wiewohl jeder Züchter natürlich überzeugt ist, die besten und schönsten Welpen zu haben.

Leider kann man Berner Sennenhunde seit einiger Zeit auch im Hundehandel erwerben. Wenn Sie den Tiermarkt in Ihrer Tagespresse durchsehen, werden Sie immer wieder auf Anzeigen stoßen, die unter vielen anderen Rassen auch Berner anbieten. Doch Vorsicht! Es ist nicht zu prüfen, unter welchen Zuständen die Welpen in den ersten so entscheidenden Wochen ihres Lebens aufgewachsen sind. Meist haben sie bereits eine lange Reise in einer Kiste, vom Züchter zum Händler, hinter sich. Sie sitzen dann in den vielfach engen Boxen mit anderen Hunden zusammen und warten darauf, abgeholt zu werden. Der Kaufpreis liegt zwar oft etwas unter dem der Züchter eines anerkannten Zuchtverbandes, aber die Tierarztkosten, die auf Sie zukommen, überwiegen diese Ersparnis in vielen Fällen um ein Vielfaches.

Rüde oder Hündin?

Wenn Sie „Ihren“ Züchter gefunden haben, sollten Sie sich darüber klarwerden, ob Sie einen Rüden oder eine Hündin bevorzugen. Jedes Geschlecht hat seine Vor- und Nachteile. Rüden imponieren zunächst durch ihr mächtiges Aussehen. Sie sind jedoch etwas schwerer zu erziehen, da sie sich als Meuteführer fühlen. Werden sie erwachsen, muß man ihnen öfter mal klarmachen, wer der Herr im Haus ist. Man wird ihnen aber nicht gerecht, wenn man behauptet, in puncto Anhänglichkeit und Kinderliebe würden sie von der Hündin übertroffen.

Wenn in Ihrer Nachbarschaft Hündinnen läufig sind, wird der Rüde unruhig. Er frißt sehr schlecht und möchte seine Angebetete auch besuchen. Unangenehm ist auch sein Bedürfnis, sein „Herrschaftsgebiet“ an den Bäumen, Sträuchern und Hausecken Ihrer Nachbarn zu markieren.

Hündinnen fällt die Unterordnung von Natur aus leichter. Ihre Erziehung macht daher weniger Schwierigkeiten. Doch es gibt auch da die berühmten Ausnahmen von der Regel.

Ich habe eine jetzt dreijährige Hündin, deren Erziehung mir mehr Probleme aufgegeben hat als damals bei unserem Rüden. Sie ist auch jetzt noch sehr dickköpfig, aber trotzdem oder gerade deswegen sehr liebenswert.

Während der zweimal im Jahr auftretenden Läufigkeit lockert sich die Bindung der Hündin an ihr Heim und ihre Menschen. Man sollte sie dann gut unter Kontrolle halten. Um zu vermeiden, daß von ihrem Duft die Rüden der Nachbarschaft angelockt werden, lade ich während der kritischen Tage meine Hündinnen ins Auto und fahre zum Spaziergang ein Stück aufs Land. Man muß aber ziemlich sicher sein, daß einem dort keine freilaufenden Rüden begegnen.

Wenn man nicht züchten möchte, ist es möglich, durch eine vom Tierarzt durchgeführte Injektion die Läufigkeit zu verhindern. Hierzu ist es aber unbedingt erforderlich, den genauen Sexualzyklus der Hündin zu kennen. Nur wenn Sie dem Tierarzt sehr genaue Angaben über die letzte Hitze und den ziemlich genauen Zeitpunkt der nächsten machen können, ist eine Hormonbehandlung ungefährlich. Eventuell sollte der Tierarzt mit einem Abstrich das Zyklusstadium bestimmen.

Die speziellen hormonellen Steuerungsmechanismen bei der Hündin reagieren nach wissenschaftlichen Erkenntnissen empfindlicher als bei den meisten anderen Säugetieren auf eine Östrogen- oder Gestagenbehandlung. In vielen Fällen kommt es zu einer Gebärmutterentzündung (Pyometra).

Wie alt sollte unser Berner beim Kauf sein?

Nach Möglichkeit sollte man seinen Hund im Alter von acht bis zehn Wochen vom Züchter übernehmen. Er steckt jetzt mitten in der Sozialisierungsphase, die etwa bis zur zwölften Lebenswoche dauert. In dieser Zeit schließt er sich sehr schnell an seine neue Familie an und ist für erste spielerische Erziehungsmaßnahmen sehr

Welpen können mit jedem spielen

aufgeschlossen. Eine so frühe Übernahme setzt allerdings voraus, daß Sie die Zeit haben, sich sehr viel mit Ihrem Welpen zu beschäftigen. Nur wenn Sie jetzt viel mit ihm spielen, entwickelt er sich zu einem lernfreudigen Hund. Bequemer ist es, einen bereits halb erwachsenen Hund zu übernehmen. Er muß nicht mehr so häufig gefüttert werden, ist bereits stubenrein, und die Anfangserziehung hat er ebenfalls hinter sich. Doch bedenken Sie, daß er wahrscheinlich schon einige Eigenschaften und Gewohnheiten angenommen hat, die Ihnen vielleicht nicht so lieb sind. Besonders wenn kleine Kinder in der Familie sind, plädiere ich für den Kauf eines Welpen. Nur so können Sie sicher sein, daß sich nicht schon durch Ihnen unbekannte Erlebnisse eine Kinderfeindlichkeit bei Ihrem Hund entwickelt hat.

Die Auswahl

Ehe Sie den Kauf zum endgültigen Abschluß bringen, sollten Sie selbst beim Anblick einer Horde entzückender „Wollknäuel“ noch eine Weile sachlich und nüchtern bleiben. Die Auswahl eines Welpen geschieht oft spontan, indem man dem kleinen Kerlchen den Vorzug gibt, das zuerst auf uns zusaust, am Schal zieht oder dem es auf sonst eine Art und Weise gelingt, vor seinen Geschwistern Kontakt mit uns aufzunehmen.

Prüfen Sie den Welpen trotzdem genau. Seine Milchzähne sollten weiß sein und eine Schere bilden. Ein Zangengebiß wird zwar für die Zucht noch toleriert, doch habe ich bereits mehrfach erlebt, daß sich mit dem Wachstum des Kiefers ein Vorbiß entwickelt hat. Ein Vorbiß ist, wie bereits erwähnt, ebenso wie ein Unterbiß, auch Rückbiß genannt, beim Berner ein zuchtausschließender Fehler. Bei einem starken Unterbiß besteht außerdem die Gefahr, daß sich nach dem Zahnwechsel die vorderen Zähne des Unterkiefers in den Gaumen des Oberkiefers bohren. Es hilft dann nur noch, diese Zähne vom Tierarzt ziehen zu lassen.

Ein Nabelbruch kommt bei Bernerwelpen verhältnismäßig oft vor. Doch keine Angst, Sie können Ihren Welpen trotzdem ruhig mitnehmen. Sie sollten sich allerdings mit dem Züchter über die anfallenden Kosten für eine eventuell erforderlich werdende operative Beseitigung des Bruchs unterhalten.

Die Augenfarbe läßt sich endgültig erst im Alter von etwa vier bis fünf Monaten feststellen. Bei einem Welpen von acht Wochen ist sie bläulich. Ich habe jedoch in vielen Jahren bei meiner Tätigkeit als Zuchtwart bemerkt, daß die Augen, die im Alter von sechs bis acht Wochen einen helleren bläulichen Schimmer aufwiesen, in der Regel höchstens mittelbraun wurden. Je dunkler der bläuliche Schimmer auf dem Welpenauge, desto dunkler war das Auge des erwachsenen Hundes. Die Nase ist bei den meisten Welpen dieses Alters schwarz. Sollten noch kleine rosa Pigmentflecke vorhanden sein, so verschwinden sie in den nächsten Wochen.

Über die vorgeschriebenen Farben eines Berner Sennenhundes sind Sie durch den Standard informiert. Ob nun das Weiß an den Pfoten etwas mehr oder weniger, die Blesse schmal oder breit ist, sollte man nicht so genau nehmen. Es handelt sich hierbei ohnehin um eine Geschmackssache. Sollte ein Welpe zuchtausschließende Farbfehler aufweisen, so wurde dies bereits bei der Wurfabnahme vom Zuchtwart festgestellt und in dem von ihm ausgestellten Wurfmeldeschein vermerkt. Lassen Sie sich im Zweifelsfall die beim Züchter vorliegende Kopie dieses Scheins zeigen. Die Hoden können Sie bei sieben bis acht Wochen alten Rüden bereits vorsichtig ertasten. Ist die Überprüfung des Welpen zu Ihrer Zufriedenheit ausgefallen, bekommen Sie mit der Übernahme die vom Zuchtbuchamt ausgestellte Ahnentafel, den Internationalen Impfpaß und eventuell auch den Kaufvertrag ausgehändigt.

Ahnentafel

Die Ahnentafel ist neben dem Impfpaß das wichtigste Dokument für Ihren Hund (sein Personalausweis und ein Beweis für seine Rassereinheit). Sie enthält Name, Zuchtbuch- und Tätowiernummer unseres Berners sowie Name und Adresse des Züchters. Sie nennt Eltern, Großeltern, Urgroßeltern sowie deren Ausstellungserfolge, Abrichtekennzeichen und, soweit bekannt, den HD-Grad. Später werden noch weitere Eintragungen in die Ahnentafel vorgenommen: Ausstellungsergebnisse unseres Berners, die Bestätigung über die erfolgte Ankörung, der HD-Befund, Abrichtekennzeichen und, bei Hündinnen, eventuell die erbrachten Würfe.

Impfpaß

Dieses Dokument belegt zunächst einmal die vom Züchter beziehungsweise seinem Tierarzt durchgeführte Grundimmunisierung gegen Staupe, Hepatitis und Leptospirose. Alle späteren Wiederholungsimpfungen werden hier eingetragen. Wenn Sie mit Ihrem Berner ins Ausland reisen oder Ausstellungen besuchen wollen, ist die Vorlage des Internationalen Impfpasses mit der eingetragenen Tollwutschutzimpfung an der Grenze beziehungsweise Veterinärkontrolle unbedingt erforderlich.

Annäherung auf Welpenart

Heimfahrt

Bevor nun endlich der Tag kommt, an dem Sie Ihren Hund zu sich holen, sollten Sie einige Vorbereitungen treffen: Kaufen Sie ein Lederhalsband in der Größe von 43 cm und eine Leine. Später eignet sich am besten ein großgliedriges Metallhalsband. Außerdem benötigen Sie für Ihren Welpen einen Futter- und einen Wassernapf. Für die Fahrt versorgen Sie sich mit einer Rolle Haushaltspapier. Es kann durchaus sein, daß es dem Kleinen auf seiner ersten Autofahrt übel wird und er erbrechen muß. Als Termin wählen Sie möglichst den Samstagmorgen, damit Sie Ihren Welpen noch im Hellen mit seiner neuen Umgebung vertraut machen können und am Sonntag reichlich Zeit für ihn haben. Lassen Sie sich von einer zweiten Person begleiten, die ihn während der Fahrt beruhigen und betreuen kann. Spätestens alle zwei Stunden sollten Sie eine Pause einlegen, damit der Kleine seine Geschäfte machen kann. Halten Sie ihn hierbei unbedingt an der Leine. Er kennt Sie noch nicht, und wegen der ihm fremden Umwelt könnte er erschreckt davonrennen.

Eingewöhnung, Aufzucht und Erziehung

Die ersten Tage mit unserem Berner

Unser vordringlichstes Bestreben wird es sein, den kleinen Kerl so schnell wie möglich stubenrein zu bekommen. Bringen Sie ihn daher, sobald Sie zu Hause ankommen, an die Stelle im Garten, die Sie als „Hundeklo" vorgesehen haben. Hier warten Sie so lange, bis sich bei dem Welpen der gewünschte Erfolg einstellt. Loben Sie ihn sofort mit sanften, langgezogenen Tönen. In der nächsten Zeit müssen Sie ihn konsequent nach dem Fressen und Schlafen sofort zu derselben Stelle führen. Ebenso wenn er plötzlich mit tiefer Nase auf Ihrem Teppich zu kreisen beginnt. Ist nun das Malheur in Ihrer Gegenwart doch im Haus passiert, bringen Sie Ihr Mißfallen durch ein lautes „Pfui!" zum Ausdruck. Stupsen Sie den Welpen jedoch niemals mit der Nase in seine Pfütze oder sein Häufchen. Nach der ersten Lektion in puncto Sauberkeit tragen Sie den Hund ins Haus. Hier sollte er sich in Ruhe und ungestört mit seiner neuen Umgebung vertraut machen können. Laden Sie zu seiner Begrüßung keine Gäste ein. Er kann sich am besten auf seine neue Heimat einstellen, wenn er in den ersten Tagen nur die engere Familie um sich hat. Nach den vielen neuen Eindrücken wird er ohnehin rasch ermüden. Bringen Sie ihn dann zu seinem Schlafplatz. Die Beschaffenheit habe ich Ihnen bereits in dem Kapitel „Voraussetzungen" beschrieben.

Der Welpe und Junghund benötigt zu seiner Entwicklung, genau wie ein Menschenbaby, sehr viel Schlaf. Wecken Sie ihn darum bitte nicht auf, bloß weil Sie gerade Lust auf ein Spielchen haben. Wollen Sie den Hund stundenweise im Zwinger halten, gewöhnen Sie ihn sofort daran. Am besten indem sie ihn nach dem Spielen, auch mal zum Schlafen dorthin bringen. Legen Sie ihm für die ersten Nächte fern von seinen Geschwistern ein Tuch unter, das Sie vom Züchter mitgebracht oder auf dem Sie ihn geholt haben. Das wird ihm seine Einsamkeit etwas erleichtern.

Trotzdem müssen Sie damit rechnen, daß er, verstört durch die fremde Umgebung, seinen Jammer laut herausheult. Er beruhigt sich aber sehr schnell, wenn Sie ihm ein Lager in Ihrer Nähe einrichten und mit tröstenden Worten und kurzem Streicheln sein Heimweh zu lindern ver-

Leichte Unsicherheit in der neuen Umgebung

suchen. Nur spielen sollten Sie dann nicht mit ihm, da Sie sonst leicht um Ihre Nachtruhe kommen. Zum Punkt „Sauberkeit" sei hier noch kurz erwähnt, daß Sie den Welpen auch nachts kurz zum Entleeren nach draußen bringen sollten.

Von Ihrem Züchter haben Sie sicher neben einem Futterplan auch das gewohnte Futter, wenigstens für die ersten Tage, mitbekommen. Der Streß, hervorgerufen durch die veränderte Umwelt, schlägt einem kleinen Hund ohnehin leicht auf den Magen. Wenn dann noch ein ungewohntes Futter hinzukommt, ist der Durchfall fast vorprogrammiert. Halten Sie für diesen Fall zum Beispiel Tannalbin (Pulver) oder Arobon (von Nestle) bereit. Im übrigen finden Sie alles, was Sie über die Ernährung Ihres Berners wissen sollten, in dem speziellen Kapitel dieses Buches.

Erziehung

Der Berner ist im allgemeinen ein leicht erziehbarer Hund, von dem Professor Heim sogar behauptete, er würde bereits dressiert geboren und bedürfe daher eigentlich keiner Erziehung. Dem ist jedoch leider nicht so. Wie bei allen anderen Hunden müssen auch beim Sennenhund die guten Wesensanlagen gefördert werden. Sie müssen ihm vom ersten Tag an bedeuten, was Sie nicht zu dulden bereit sind. Gehen Sie sehr konsequent, doch geduldig und liebevoll vor. Da der Berner ein sensibler Hund ist, können Sie mit Schreien oder gar Schlägen in der Erziehung mehr verderben als gutmachen. Damit er sich an seinen Namen gewöhnt, rufen Sie ihn häufig und locken ihn zu sich heran. Sofort muß sein Kommen mit Streicheln, lobenden Worten und eventuell auch mit einem kleinen Leckerbissen belohnt werden.

Vor dem ersten Ausgang müssen wir den Welpen mit Halsband und Leine vertraut machen. Hierzu ist es zweckmäßig, ihn in den ersten Tagen und Nächten das Halsband ständig tragen zu lassen. Wenn er seine Versuche einstellt, sich durch Kratzen von dem ungewohnten Ding zu befreien, ist der Augenblick gekommen, ihn auch anzuleinen und einen kleinen Rundgang zu machen. Das wird nicht gleich zu Ihrer Zufriedenheit ausfallen. Doch bleiben Sie stets geduldig und locken den Kleinen mit sanfter Stimme und leichtem Zug an der Leine immer wieder an Ihre Seite. Geben Sie ihm auch ruhig einmal nach, wenn er sich setzt oder eine andere Richtung einschlägt. Es soll ja alles spielerisch beginnen. Hat er als heranwachsender Hund jedoch Leine und Halsband als etwas Selbstverständliches akzeptiert, lassen Sie sich niemals von ihm umherzerren. Seine Körperkräfte nehmen sehr rasch zu, und es sieht unschön aus, wenn der große Hund Sie ausführt und nicht umgekehrt.

Grundsätzlich geht ein Hund an der linken Seite seines Herrn. Nur wenn Sie ihn am Fahrrad führen, gehört er auf die rechte, dem Verkehr abgewandte Seite. Die Stellungen „Sitz“ und „Platz“ werden ebenfalls nach der Eingewöhnungszeit täglich geübt. Dehnen Sie die Übungszeit jedoch nicht zu lange aus. Der Welpe wird sonst überfordert und verliert die Lust zu lernen.

Wir beginnen mit dem „Sitz“. Hierzu fassen wir den Hund unmittelbar nach dem Kommando mit einer Hand am Halsband oder unter den Hals und drücken mit der anderen Hand sein Hinterteil sanft herunter. Der Befehl „Sitz!“ wird hierbei immer wiederholt. Hat er die gewünschte Stellung eingenommen, wird er sofort gelobt.

Erst wenn der Welpe diese Lektion einwandfrei beherrscht, bringen wir ihm „Platz“ bei. Hierzu drücken wir ihn gleichzeitig mit dem eindringlich gesprochenen Befehl am Widerrist nieder. Unterstützen können wir die Übung, indem wir ihm die Vorderpfoten nach vorne wegziehen. Auch jetzt wird der Befehl ständig wiederholt. Am Ende jeder Lektion steht das sofortige Lob. Halten Sie zu diesem Zweck immer einen kleinen Leckerbissen in Ihren Taschen bereit.

Die Unsitte des Bettelns

Ein gut erzogener Hund bettelt nicht bei Tisch. Ich weiß, daß es sehr vielen Hundebesitzern (mir leider auch) schwerfällt, ihrem Liebling nichts von ihrer Mahlzeit abzutreten, wenn der kleine Kerl mit erwartungsvollen Augen und schiefgelegtem Kopf zu ihnen aufschaut. Doch sollten Sie unbedingt standhaft bleiben. Weder Sie noch Ihre Gäste werden es später appetitanregend finden, wenn Ihr ausgewachsener Berner in Erwartung einer milden Gabe seine tropfende Schnauze auf das Tischtuch legt. Am besten machen Sie es sich zur Regel, daß während der Mahlzeiten Küche und Eßzimmer für Ihren Hund tabu sind.

Wir üben das Alleinebleiben

Leider kann man seinen Hund nicht immer und überall hin mitnehmen. Damit er auch einige Stunden allein in der Wohnung bleibt, ohne die Türen zu zerkratzen und lautstark zu heulen, sollten Sie ihn von Anfang an für kurze Zeit allein im Zimmer lassen. Beim ersten Bellen gehen Sie zurück und strafen ihn mit einem energischen „Pfui!“ und eventuell einem Klaps mit der Zeitung. Wiederholen Sie diese Lektion so lange, bis er sich ruhig verhält. Sie können jetzt die Zeit Ihrer Abwesenheit immer länger ausdehnen.

Wir haben mit unseren Hunden in diesem Punkt noch niemals Schwierigkeiten gehabt. Durch unser Verhalten geben wir ihnen zu verstehen, daß sie uns nicht begleiten können. Mit einem enttäuschten Blick rollen sie sich auf ihrem Lager zusammen und verschlafen die Zeit unserer Abwesenheit. Vergessen Sie nicht, alle Gegenstände wie Schuhe, Elektrokabel, herumliegende Kleidungsstücke, Bücher und ähnliches vor Ihrem Weggang aus dem Zimmer zu entfernen. Welpen nagen, gerade wenn es ihnen langweilig ist, alle möglichen Dinge an. Um Ärger zu vermeiden, geben Sie ihm lieber einen Kauknochen aus Büffelhaut oder einen alten Lederschuh. Der Herr des Hauses ist in der Regel

Bald braucht er einen größeren Korb

wenig erfreut, wenn er seine besten Schuhe mit abgeknabbertem Absatz wiederfindet.

Das lästige Anspringen

Auch wenn Ihr Berner Sie nur kurze Zeit nicht gesehen hat, wird er über Ihr Erscheinen so begeistert sein, daß er an Ihnen hochspringt, um Ihnen möglichst nahe zu sein. Bei einem Welpen finden Sie das sicher noch ganz reizend, bekundet er doch seine Anhänglichkeit und Zuneigung zu Ihnen. Bedenken Sie jedoch, wenn der „kleine Racker“ nachher 50 kg wiegt, Sie Ihren Sonntagsanzug tragen und er gerade im Garten nach Mäusen gegraben hat. Ich glaube, Ihre Begeisterung über diese Begrüßung hält sich dann in Grenzen. Sie werden einsehen, daß Sie ihm dieses dauernde Anspringen abgewöhnen müssen. Gewiß muß der junge Hund mit Ihnen spielen können. Er wird jedoch bald verstehen, wann das Anspringen verboten ist, wenn Sie ihm dies mit immer der gleichen Geste und dem gleichen Hörlaut zu verstehen geben. Drücken Sie ihn sanft, aber konsequent auf die Hinterläufe nieder. Gleichzeitig kommt der Befehl „Sitz!“

Früh übt sich, wer beim Agility Meister werden will

Nach einiger Zeit werden die ausgestreckte Hand und der Zuruf genügen, um den Hund vom Anspringen abzuhalten.

Ich möchte es bei diesen Grundbegriffen für eine gute Erziehung bewenden lassen. Es gibt viele Bücher, die sich ausschließlich mit diesem Thema befassen. Grundsätzlich gilt auch hier der Satz: „Das Bäumchen biegt sich, doch der Baum nicht mehr!“

Aufzuchtprobleme

Wie praktisch bei allen frohwüchsigen Hunderassen gibt es auch beim Berner Sennenhund oftmals Probleme bei der Aufzucht. Diese resultieren meist aus einer falschen Behandlung durch den Besitzer. Immer wieder hört man die Behauptung, ein junger Hund soll soviel fressen wie er mag. Oder, was man im ersten Jahr versäumt, kann man nicht mehr gutmachen. Letzteres stimmt zwar, bezieht sich aber nicht auf die Quantität des angebotenen Futters, sondern auf dessen Qualität. Die Menge sollte stets relativ knapp bemessen werden. Fettleibigkeit belastet auch beim Hund in hohem Maße Herz und Kreislauf. Beim Junghund kommt hinzu, daß die noch losen Bänder und Gelenke durch das Übergewicht unnötigen Belastungen ausgesetzt werden. Die Folge ist ein schlechtes Gangwerk, vor allem der Hinterhand.

Zu einer ausgewogenen Ernährung sollte dem jungen Berner täglich mehrmals ein vernünftiges Maß an Bewegung geboten werden. Gewaltmärsche über mehrere Stunden sollten Sie im ersten Jahr unbedingt vermeiden. Wenden Sie sich bei auftretenden Schwierigkeiten sofort an den Züchter Ihres Hundes oder Ihren Tierarzt.

Das Fell und seine Pflege

Haarpflege – womit und wie oft?

Regelmäßige Pflege ist zum Wohlbefinden Ihres Berners unbedingt erforderlich. Sie besorgen sich hierzu eine Bürste mit kurzen, harten Naturborsten und einen Kamm mit abgerundeten, weit auseinanderstehenden Zinken sowie eine abgerundete Schere. Wenn der Welpe in Ihre Familie kommt, ist sein Fell noch kurz, sehr weich und wuschelig. Es bedarf nicht so intensiver Pflege wie das eines erwachsenen Berners. Um ihn aber frühzeitig an das Stillhalten während der Behandlung zu gewöhnen, bürsten Sie sein Fell täglich kurz und gründlich durch. Im Alter von etwa vier bis fünf Monaten haart er um. Er bekommt nun sein glänzendes, langes (hoffentlich) nur leicht gewelltes Haarkleid. Leider sieht man immer noch etliche Berner mit dem früher sehr verbreiteten Kraushaar. Dieses hat vor allem bei Regenwetter Nachteile. Das Wasser kann nicht direkt ablaufen und dringt mehr ein. Die bis zum Haarwechsel meist gelbliche Farbe des Brandes wird jetzt dunkler. Sie erhält die gewünschte rotbraune Tönung. Eine wöchentlich zweimal vorgenommene gründliche Fellpflege sollte ausreichen. Nur wenn Ihr Berner stark haart (die Rüden im Frühjahr und Herbst, die Hündinnen sechs bis acht Wochen vor der Läufigkeit), ist tägliches Bürsten und Kämmen erforderlich.

Zuerst bürsten Sie das Haarkleid entgegen dem Strich gut durch, damit alle losen Haare aus dem Fell nach oben geholt werden. Anschließend bürsten Sie kräftig in die entgegengesetzte Richtung. Alle so gelockerten Haare werden zum Schluß mit dem Hundekamm entfernt. Achten Sie besonders auf die Ohren. Hier verfilzen die Haare sehr leicht. Sollten bereits Filzplatten entstanden sein, werden diese mit den Fingern auseinandergezupft und ausgekämmt. Oft hilft nur noch die Schere. Reinigen Sie regelmäßig auch die inneren Ohrmuscheln mit einem milden Reinigungsmittel, das Sie bei Ihrem Tierarzt bekommen. Die bei vielen Bernern an den Hinterpfoten, unmittelbar um die Ballen, waagerecht abstehenden langen Haare schneiden Sie bis direkt an die Pfote ab.

Baden – ja oder nein?

Sie sollten Ihren Berner nur sehr selten baden. Das Haar verliert seine

Dieses prächtige Haarkleid muß gepflegt werden

natürliche Fettschicht und läßt Kälte und Feuchtigkeit viel mehr durch. Sollte ein Bad doch einmal nötig sein (vielleicht hat ihr Liebling sich in einem Kuhfladen gewälzt), verwenden Sie ein Spezialshampoo. Achten Sie darauf, daß kein Wasser in den Gehörgang läuft. Sobald Sie allen Schaum sehr gründlich aus dem Fell gewaschen haben, frottieren Sie den Hund gut ab und lassen ihn in einem warmen Raum trocknen. Bei milder Witterung kann dies auch an der frischen Luft geschehen. Zwischendurch kämmen und bürsten Sie das Fell immer wieder glatt, bis es ganz getrocknet ist. Sie könnten sonst die Überraschung erleben, daß Ihr normalerweise nur leicht gewellter Berner Ihnen recht lockig entgegenspringt.

Wir stellen unseren Berner aus

Eines Tages packt vielleicht auch Sie die Lust, Ihren Berner auszustellen. Sie empfinden ihn ja ohnehin als den Schönsten unter der Sonne und möchten sich das gern von einem anerkannten Spezialrichter bestätigen lassen. Bedenken Sie aber, nicht jeder Hund ist ein Champion. Wie wir Menschen alle unsere kleinen und großen Fehler haben, so ist auch unser Vierbeiner meist nicht makellos. Das geschulte Auge des Richters wird vielleicht Fehler an ihm entdecken, die Ihnen verborgen geblieben sind. Wie das Urteil auch ausfallen mag, jeder, auch der „schlechteste" Hund hat eine ganze Reihe von Vorzügen und liebenswerten Eigenschaften. Ich besitze selbst zwei Hündinnen, die zur Zucht nicht geeignet sind. Für meine Familie und mich sind sie jedoch die besten und schönsten. Für unsere Züchter sollte es eine Verpflichtung sein, mit ihren Bernern Ausstellungen zu besuchen. Und dies auch dann noch, wenn die Körung bereits hinter ihnen liegt. Interessenten haben nur dort die Möglichkeit, eine größere Anzahl Berner Sennenhunde zu sehen und einen Überblick über das Zuchtmaterial zu erhalten.

Welche Ausstellungen kann ich besuchen?

Da gibt es zunächst die beliebten Landesgruppenschauen. Sie werden, wie schon der Name sagt, von den Landesgruppen des Vereins ausgerichtet. Hier werden nur Schweizer Sennenhunde gezeigt. Die Atmosphäre ist familiär und sehr gut geeignet, den Junghund mit dem Schaubetrieb vertraut zu machen. Wenn sie nicht gerade ihren Hund im Ring vorführen, sitzen die Aussteller mit ihren Lieblingen am Rande des Geschehens und tauschen Erfahrungen und nette Erlebnisse aus. Schon viele langjährige Freundschaften nahmen hier ihren Anfang. Auf diesen Schauen wird neben dem CAC, der Anwartschaft für das Nationale Championat, auch die Anwartschaft für den VDH-Champion vergeben.

Der Verband für das Deutsche Hundewesen (VDH) betreut alle in Deutschland ausgerichteten Internationalen Zuchtschauen. Es handelt sich hierbei in der Regel um zweimal Eintagesschauen. Die Termine finden Sie in den monatlich erscheinenden kynologischen Fachzeitschriften oder beim Schweizer Sennenhundverein für Deutschland e. V. Sie müssen

Sie waren bei der Ausstellung erfolgreich

dann anhand des Programmes feststellen, an welchem Tag die Berner Sennenhunde ausgestellt werden. Meldepapiere bekommen Sie auf Anforderung vom Sonderleiter der jeweiligen Schau oder vom VDH.

Neben den bereits erwähnten Anwartschaften wird auf diesen Ausstellungen auch die Anwartschaft auf den Internationalen Champion vergeben (das Certificat d'Aptitude au Championnat International de Beauté, kurz CACIB). Dieser Titel muß viermal in drei verschiedenen Ländern unter drei verschiedenen Richtern errungen werden. Eines der vier CACIB muß im Heimatland des Eigentümers verliehen werden oder im Ursprungsland der Rasse. Zwischen der ersten und letzten Auszeichnung muß eine Frist von mindestens zwölf Monaten liegen. Diese großen Zuchtschauen werden in Hallen durchgeführt. Ihr Hund kann dort in einer Box untergebracht werden.

Gerichtet wird in folgenden Klassen: 6 bis 9 Monate = Jüngstenklasse. Hier vergibt der Richter als Beurteilung höchstens ein „Versprechend", „Vielversprechend" oder „Wenig versprechend". In diesem Alter ist der Hund ja auch noch unfertig und schwer zu beurteilen. 9 bis 18 Monate = Jugendklasse. Die höchste Bewertung ist in dieser Klasse ein Sehr gut". Ab 15 Monaten kann, ab 18 Monaten muß Ihr Berner in der „Offenen Klasse" gemeldet werden. Sollte er später einen anerkannten Siegertitel (VDH-Champion, Internationaler Champion oder ähnliches) errungen haben, melden Sie ihn in der Championklasse. In diesen Klassen ist die höchste Note ein „Vorzüglich". Diese Bewertung erhält nur ein Hund, der in allen Teilen dem Rassestandard sehr nahe kommt, die typischen Merkmale seines Geschlechts besitzt und ein sicheres Wesen ausstrahlt. Ein „Sehr gut" bekommt ein Hund, wenn er in hohem Maße dem Standard entspricht, aber kleine Fehler aufweist. Hunde, die die Hauptmerkmale ihrer Rasse besitzen, aber gröbere Fehler aufweisen, erhalten ein „Gut". Diese Wertnote schließt die Zucht bereits aus.

Eine schlechtere Benotung bekommen Hunde mit schweren, zuchtausschließenden Fehlern.

Verlassen Sie mit Ihrem Berner die Ausstellung nicht vor dem offiziellen Ende. Denken Sie daran, daß es für die Zuschauer enttäuschend ist, nach der Vorfreude auf viele interessante Hunderassen und nach dem Erwerb der teuren Eintrittskarten nur noch leere Boxen vorzufinden.

Vorbereitungen

Wenn Sie sich endgültig entschlossen haben, Ihren Berner auszustellen, sollten Sie die restliche Ihnen bis zur Ausstellung verbleibende Zeit nutzen, ihn gründich vorzubereiten. Betrachten Sie zunächst kritisch seine Figur. Viele Berner werden dem Richter viel zu dick präsentiert. Sie sollten, wenn Sie mit der flachen Hand über die Rippenbogen streichen, diese gut fühlen können. Dicke Berner neigen zum Paßgang, und überhaupt wird der ganze Bewegungsablauf gestört. Mit einer geeigneten Diät und mehr Bewegung ist diesem Übel jedoch in einigen Wochen beizukommen.

Ebenso unschön wirkt ein zu magerer Hund. Der Berner Sennenhund sollte eine gewisse Substanz mitbringen und nicht hochläufig wirken. Wenn Sie sich über die „Idealfigur" nicht klarwerden können, fragen Sie den Züchter Ihres Hundes, der ja bereits eine gewisse Ausstellungserfahrung hat.

Üben Sie vor allen Dingen sooft wie möglich das Zähnezeigen. Der

Richter wird Ihren Hund nicht beurteilen, wenn er das Gebiß nicht sehen konnte. Sie lassen den Hund bei dieser Übung sitzen. Die Schneidezähne zeigen Sie, indem sie Ober- und Unterkiefer zusammendrücken und die Lefzen hoch- beziehungsweise herunterziehen. Der Richter kann so prüfen, ob Ihr Hund einen einwandfreien Zahnschluß hat. Das restliche Gebiß kann er überprüfen, indem Sie den Fang öffnen und jeweils die Lefzen zurückziehen. Lassen Sie bei den Übungen auch einmal einen Nachbarn oder Bekannten den Richter spielen. Viele Hunde, die zu Hause die Zähne einwandfrei nachsehen lassen, verweigern dies ganz entschieden, wenn sich plötzlich, in ungewohnter Umgebung, auch noch ein Fremder zu ihnen niederbeugt. Wer jemals im Ring die Kämpfe zwischen Herrchen und Hund miterlebt hat, weiß, wie unschön das aussieht. Vorhandenen Zahnstein können Sie vom Tierarzt entfernen lassen. Bei der Vorführung im Ring muß Ihr Berner möglichst mit erhobenem Kopf an der Leine gehen, und zwar auf Ihrer linken Seite. Sollte das noch Schwierigkeiten machen, so suchen Sie sich einen geeigneten Übungsplatz (einen Sportplatz oder eine gerade Wiese) und laufen Sie mit dem Hund an der Leine im großen Kreis. Er wird schnell begreifen, was Sie von ihm wollen, und später im Ring keine Schwierigkeiten machen. Lehren Sie ihn bei dieser Gelegenheit, auf den Befehl „Steh!“ still stehen zu bleiben. Der Richter möchte Ihren Hund auch im Stand beurteilen. Das ist ihm jedoch unmöglich, wenn er unentwegt herumzappelt. Bleiben Sie geduldig, diese Übung benötigt etwas mehr Zeit. Vergessen Sie niemals das Lob und einen kleinen Leckerbissen, wenn die Bemühungen zu ihrer Zufriedenheit ausgefallen sind.

Hunde, die nur ihre ruhige, ländliche Umgebung gewohnt sind, werden auf Ausstellungen durch die hektische Betriebsamkeit und den Lärm oft unsicher und nervös. Nehmen Sie sich die Zeit, Ihren Hund sooft wie möglich zu verkehrsreichen Zeiten in der nächstgelegenen größeren Stadt auszuführen.

Daß Sie Ihren Berner nur in einem einwandfrei gepflegten Zustand vorführen sollten, ist eigentlich selbstverständlich. Das weiße Brustkreuz können Sie, falls nötig, am Abend vor der Ausstellung baden.

Reisen Sie zur Ausstellung unbedingt rechtzeitig an. Sie geben dadurch Ihrem Hund Gelegenheit, sich vor dem Richten noch etwas mit der Atmosphäre vertraut zu machen. Vergessen Sie die Ahnentafel, die Annahmekarte und den Impfpaß nicht. Die Tollwutimpfung muß mindestens 30 Tage, jedoch nicht länger als ein Jahr zurückliegen. Nehmen Sie bitte auch eine Unterlage, einen Wassernapf sowie Kamm und Bürste für Ihren Berner mit. Auf manchen Ausstellungen werden die Hunde in offenen Boxen untergebracht. Hier ist es ratsam, eine Kette mitzunehmen. Damit Sie nicht den ganzen Tag vor der Box stehen müssen, denken Sie an Klappstühle. Bequeme Schuhe möchte ich Ihnen ebenfalls dringend empfehlen.

Im Ring

Wenn Sie meine Ratschläge befolgt haben, kann eigentlich kaum noch etwas schiefgehen. Sie haben also keinen Grund, nervös zu werden, wenn Sie mit Ihrem Hund in den Ring gerufen werden. Jede Nervosität überträgt sich sofort auf Ihren Vierbeiner. Hierzu möchte ich eine kleine, selbsterlebte Geschichte einflechten: Die Hündin eines Bekannten schnitt auf Ausstellungen wegen nervösem, unsicherem Wesen immer schlecht ab. Da es sich um eine sonst ausgeglichene, ruhige Hündin handelte, fragte ich eines Tages den Besitzer nach seinem seelischen Zustand. Er gestand, immer schrecklich nervös zu sein. Daraufhin gab ich ihm trotz seines anfänglichen Protestes eine leichte Beruhigungstablette. Anja wurde auf dieser Ausstellung Europajugendsiegerin. Der Richter hatte an ihrem Wesen nichts zu beanstanden.

Befolgen Sie ruhig alle Anweisungen des Ringordners oder des Richters. Halten Sie bei der Vorführung gebührenden Abstand zu Ihrem Vordermann und achten Sie darauf, daß Ihr Berner nicht in den Paßgang verfällt. Ich weiß, daß es oft schwierig ist, dies im Eifer selbst festzustellen. Vielleicht kann eine kundige Person vom Rand des Ringes aus Sie durch einen Zuruf aufmerksam machen. In der Zeit, in der der Richter mit anderen Hunden beschäftigt ist, lassen Sie Ihren Berner ruhig einmal eine Weile liegen. Besonders, wenn in einer Klasse sehr viele Hunde vorgeführt werden, kann er unmöglich während der ganzen Zeit in gespannter Aufmerksamkeit dastehen. Behalten Sie aber den Richter im Auge. Sobald sich seine Blicke wieder auf Ihren Hund richten, stellen Sie ihn erneut hin.

Bitte, schimpfen Sie nicht, wenn Ihr Hund einmal eine schlechtere Bewertung als vielleicht auf der letzten Ausstellung bekommt. Auch er hat mal einen schlechten Tag. Denken Sie immer daran, daß der Berner ein sensibles Lebewesen ist und kein Roboter. Betrachten Sie das ganze als Sport, und bleiben Sie fair. Ihr siegreicher Konkurrent wird sich über Ihre Gratulation bestimmt sehr freuen. Weiterführende Informationen finden Sie in dem Buch von Dr. Beyersdorf „Dein Hund auf Ausstellungen“.

Hüftgelenksdysplasie

Bei Hüftgelenksdysplasie, kurz HD genannt, handelt es sich, wie schon der Name sagt, um eine krankhafte Veränderung der Hüftgelenke. Menschen kennen dieses Leiden bereits seit über 2000 Jahren. Mit seinem Auftreten bei Hunden beschäftigen sich Züchter, Wissenschaftler und Zuchtverbände seit den fünfziger Jahren.

Bei einem gesunden Hüftgelenk wird der Gelenkkopf, auch Femurkopf genannt, zu ungefähr zwei Dritteln von der Gelenkpfanne umschlossen. Der Zwischenraum zwischen Pfanne und Kopf ist ganz gering. Bei der Dysplasie ist die Verbindung zwischen Gelenkkopf und -pfanne locker. Die Gelenkflächen passen nicht mehr optimal zusammen. Da nur ein fest zentriertes Hüftgelenk gleichmäßig belastet wird, kommt es je nach Ausprägung der HD zu einer mehr oder weniger starken Abflachung der Gelenkpfanne. Der Oberschenkelkopf verliert seine kugelige Form und wird pilz- beziehungsweise walzenförmig. Es kommt zu Entzündungen und im Laufe der Jahre zu arthrotischen Veränderungen an den Hüftgelenken, deren Stärke auch wieder vom Grad der HD abhängt.

Die Krankheit ist eindeutig erblich. Umwelteinflüsse wie Fütterung, Art der Haltung und Training haben aber einen gewissen Einfluß auf den Grad der Ausprägung. Eine einwandfreie Diagnose ist nur durch eine Röntgenuntersuchung möglich. Sie sollten diese bei Ihrem Berner Sennenhund frühestens im Alter von zwölf Monaten durchführen lassen. Da es sich bei unseren Bernern um eine spätreife Rasse handelt, möchte ich Ihnen empfehlen, vielleicht sogar bis zum Alter von 14 bis 16 Monaten zu warten. Röntgenuntersuchungen vor diesem Zeitpunkt (das bei vielen Züchtern so beliebte Vorröntgen) sind fragwürdig, und ihre Aussage ist unsicher. Seit 1978 müssen in Deutschland alle Zuchttiere geröntgt werden. In der Schweiz ist dies bereits seit 1971 Pflicht. Alle Berner mit schwerer und mittlerer HD sind von der Zucht ausgeschlossen. Eine Zuchterlaubnis wird höchstens für Hunde mit leichter HD erteilt. Der Partner darf in diesem Fall nur HD-frei oder HD-verdächtig sein. Nun ist es leider nicht so, daß bei der Zucht mit hüftgesunden Elterntieren nur HD-freie Nachkommen zu erwarten sind. Auch in diesen Fällen ist mit einer bestimmten statistischen

Wahrscheinlichkeit mit HD-positiven Nachkommen zu rechnen. Der Prozentsatz der befallenen Tiere ist jedoch erwiesenermaßen erheblich niedriger als bei kranken Eltern.

Die an HD erkrankten Hunde zeigen je nach Stärke der Erkrankung Bewegungsunlust, sie ermüden verhältnismäßig schnell, das Aufstehen fällt ihnen schwer, und oft haben sie eine sichtbare Schwäche an der Hinterhand. Erste Anzeichen sind manchmal bereits im Alter von fünf Monaten zu erkennen. Sie sollten nun jedoch nicht aus Furcht, einen HD-befallenen Berner zu bekommen, vor einem Kauf zurückschrecken. Selbst wenn bei Ihrem Hund eine mittlere HD festgestellt wird, hat er bei vernünftiger Haltung eine ganz normale Lebenserwartung. Ich kenne sogar Berner mit schwerer HD, die ohne irgendwelche Anzeichen von Schmerzen oder Unlust bereits ein Alter von über zehn Jahren erreicht haben.

Als bei unserer Durshi im Alter von sechs Monaten eine schwere HD festgestellt wurde, wurde sie auf Anraten unserer Tierärztin über ein Jahr lang im Abstand von jeweils vier Wochen mit Anabolikaspritzen behandelt. Heute ist sie dreieinhalb Jahre alt und ein äußerst vitaler Berner. Sie begleitet uns auf täglichen Spaziergängen von ein bis zwei Stunden Dauer und springt im Wald über jedes natürliche Hindernis genauso wie ein gesunder Hund. Trotz der Bedeutung des HD-Problems sollten jedoch von Züchtern und Zuchtverbänden andere Erbfehler, wie zum Beispiel lose Schultern und Wesensschwäche, ebenso aufmerksam beobachtet und bekämpft werden. Wir müssen bei der Zuchtauslese unbedingt im Auge behalten, daß unser Berner ein kräftiger, tiefgestellter, starkknochiger Hund bleiben muß.

Neben der erwähnten HD kennt man beim Berner Sennenhund noch das Problem der Ellenbogendysplasie. Auch hier handelt es sich um eine im wesentlichen ererbte Krankheit, die durch falsche Fütterung (zu eiweißhaltig) und Überbelastung ungünstig beeinflußt werden kann. Während des Wachstums kann es zur ungleichen Länge von Elle und Speiche und somit zu einer Stufenbildung und evtl. Knorpelabsplitterung kommen. Ab 1997 wird im Schweizer Sennenhund-Verein das Röntgen der Ellenbogengelenke für alle Zuchttiere zwingend eingeführt. Aber bereits seit Jahren lassen verantwortungsbewußte Züchter ihre Hunde auch ED-röntgen.

Züchten – ja oder nein?

Bernerzucht kritisch betrachtet

Vielleicht erwacht in Ihnen schon bald der Wunsch, mit Ihrer Hündin zu züchten. Es können hierfür einige Gründe angeführt werden. Viele Hündinnenbesitzer sagen mir, einen Wurf wollen wir mit ihr mal ziehen, schon ihrer Gesundheit zuliebe. Ich möchte Ihnen gleich zu Anfang sagen, aus diesem Grund müssen und sollten Sie nicht züchten. Es ist durch nichts bewiesen, daß eine Hündin, die nie Welpen hatte, mehr zu Gebärmutter- oder Gesäugeentzündungen und Tumoren neigt als eine, die bereits geworfen hat. Auch der Glaube, die Mutterschaft würde das Wesen einer ängstlichen Hündin verbessern, darf niemals Grund zur Zucht sein. Gewiß kommt es in einigen, aber sehr wenigen Fällen vor, daß sie durch die Geburt und Auf-

Auch für Dimanche und En Bamse ist Urlaub die schönste Zeit des Jahres

Einjährige, noch nicht fertig entwickelte Hündin

zucht der Welpen selbstbewußter wird. Die Gefahr, daß die Hündin ihre schlechten Wesensmerkmale an ihre Nachkommen weitergibt, ist jedoch entschieden größer.

Es gibt aber auch eine Reihe von Hundebesitzern, die glauben, mit der Zucht von Berner Sennenhunden ihr Einkommen verbessern zu können. Das mag möglich sein, wenn man seine Hündin so wenig wie möglich und nur auf nahegelegenen Ausstellungen zeigt, die Würfe in einer Stall- oder Kellerecke aufzieht und die Ernährung von Mutter und Welpen so billig wie nur irgend möglich gestaltet. Es dürfen dann auch keine Komplikationen eintreten, die eine tierärztliche Behandlung erforderlich machen, und letztlich müssen die Kosten für eine weite Anreise zum passenden Deckrüden eingespart werden.

Wenn Sie die Bernerzucht aber so betreiben wollen, wie man das von einem seriösen, verantwortungsbewußten Züchter erwartet, wird Ihnen am Jahresende unter dem Strich wenig übriggeblieben sein. Nur die Liebe zur Rasse und der Wille, das zur Verfügung stehende Zuchtmaterial stetig zu verbessern, sollte der einzige Grund sein, Berner Sennenhunde zu züchten.

Voraussetzungen

Um einen Wurf Berner Sennenhunde artgerecht aufziehen zu können, benötigen Sie einen trockenen, hellen Raum, den Sie im Winter auch beheizen können, oder ein entsprechendes Hundehaus. Sodann ist ein fest eingezäunter Auslauf, in dem die Jungen sich richtig austoben können, unentbehrlich. Ihr Blumen- oder Nutzgarten ist dazu absolut ungeeignet. Sie würden ihn bereits nach kurzer Zeit nicht mehr wiedererkennen.

Im Auslauf unserer Hunde ist die Wand zum Nachbarn mit Kletterrosen bewachsen. Ich war in dem Glauben, daß die Welpen die Rosensträucher mit ihren vielen Dornen in Ruhe lassen würden. Doch weit gefehlt, die ganze Pracht bestand nur noch aus drei bis fünf Zentimeter aus der Erde ragenden Stumpen, als die Welpen im Alter von acht Wochen an ihre neuen Besitzer abgegeben wurden.

Das Wichtigste bei der Aufzucht junger Berner ist Zeit, sehr viel Zeit. Spätestens ab der dritten bis vierten Woche müssen Sie einen großen Teil des Tages mit der Fütterung und Sauberhaltung der Welpen verbringen. Häufig hat die Mutter zu wenig Milch, und dem Züchter bleibt nichts anderes übrig, als bereits nach einigen Tagen mit der Flasche zuzufüttern. Täglich ist der Auslauf mehrmals von vielen Häufchen zu säubern, und zwar bei jedem Wetter.

Bernerhündinnen dürfen in Deutschland frühestens im Alter von 18 Monaten belegt werden. Sie müssen vorher auf mindestens zwei Ausstellungen einem Spezialrichter für Schweizer Sennenhunde vorgeführt und dann angekört werden. Um die Voraussetzungen zur Teilnahme an einer Körung zu erfüllen, muß ihnen auf diesen Ausstellungen die Note „Sehr gut" erteilt worden sein. Diese Bedingungen gelten jedoch nur für die Züchter des SSV. Jeder Zuchtverband hat da seine eigenen Richtlinien aufgestellt. In der Schweiz ist es beispielsweise möglich, seinen Berner ohne vorherigen Ausstellungsbesuch ankören zu lassen. Es darf jedoch nicht verschwiegen werden, daß hier die Körungen, zumindest was die Wesensprüfung anbelangt, erheblich strenger durchgeführt werden. Zur Ankörung müssen die Ahnentafel und die HD-Auswertung vorgelegt werden.

Vor Belegen der Hündin beantragen Sie bei der Zuchtbuchstelle den Schutz einer auf Ihren Namen eingetragenen Zwingerbezeichnung. Daß die Zuchthunde in allerbester Kondition sein sollten, versteht sich von selbst.

Warten Sie nicht zu lange, bis Sie Ihre Hündin das erste Mal decken lassen. Mit zunehmendem Alter wird bei der Geburt die Gefahr von Komplikationen immer größer, da die Elastizität von Gelenken und Bändern im Beckenbereich abnimmt.

Sommer- oder Winterwurf?

Vielfach besteht der Glaube, die Hündinnen würden einheitlich im Frühjahr und im Herbst läufig. Das stimmt jedoch nicht. Wenn man die Deckanzeigen in den kynologischen Fachzeitschriften verfolgt, kann man feststellen, daß das ganze Jahr über Hündinnen belegt werden. Die häufig geäußerte Ansicht, Sommerwürfe wären gesünder und kräftiger als Winterwürfe, trifft nach meinen Erfahrungen nicht zu. Maßgebend sind hier einzig die Fütterung und die Haltung der Welpen.

Sollten Sie den Wunsch haben, einen Winterwurf aufzuziehen, da Ihre Hündin den Wurf im Sommer vielleicht gerade in der Zeit Ihrer Urlaubsreise bringen würde, muß Ihnen ein gut gedämmter, heller und beheizbarer Raum zur Verfügung stehen. Der Fußboden darin sollte griffig und leicht zu reinigen sein. Es wird im Winter immer mal Tage geben, an denen die Kleinen nicht hinaus können. Wenn der Bodenbelag zu glatt ist, könnten sie bei ihren wilden Spielen sehr leicht ausrutschen und sich verletzen. Außerdem werden Sie staunen, wieviel Pfützen Sie alle paar Stunden wegwischen dürfen. Der Außenauslauf muß sonnig sein und schnell trocknen. Das Aufbewahren der für die Fütterung von Mutter und Welpen benötigten Frischfleischvorräte ist im Winter nicht schwierig. Im Sommer haben Sie dagegen rasch mit lästigen Fliegen zu rechnen. Das Futter verdirbt sehr schnell. Bei Sommerwürfen benötigen Sie keine Heizung. Auch die Säuberung von Hunden und Auslauf ist im Sommer erheblich einfacher. Sie sehen, beide Möglichkeiten haben ihre Vor- und Nachteile. Sie folgen am besten Ihren Wünschen und Gegebenheiten.

Die Hitze

Im Alter von neun bis zwölf Monaten werden die meisten Bernerhündinnen zum ersten Mal läufig. Der Zeitraum bis zur nächsten Hitze beträgt etwa sechs Monate. Es gibt jedoch Hündinnen, die bereits nach fünf Monaten wieder läufig werden, und solche, die sieben Monate und länger warten. Hier hilft Ihnen nur das genaue Beobachten Ihrer Hündin.

Die Läufigkeit beginnt mit einer Vorbrunst, die allerdings leicht übersehen wird. In dieser Zeit setzen die Hündinnen sehr häufig und in kleineren Mengen Harn ab. Sie möchten hiermit bereits die Rüden auf ihren Zustand aufmerksam machen. Die äußeren Geschlechtsteile der Hündin schwellen jetzt stark an. Nach einigen Tagen tritt eine mehr oder weniger starke Blutung ein. Diese Phase dauert etwa neun bis zwölf Tage, dann wird der Ausfluß hell rosafarben.

Junger Rüde

Seine Intensität läßt stark nach. Es kommt jetzt zum Eisprung (der Ovulation). Die Schwellung der Scheide wird etwas kleiner. Die Hündin ist deckreif. Durch den spezifischen Brunstgeruch der Hündin kommen spätestens nun auch die Rüden in Brunststimmung.

Passen Sie in dieser Zeit besonders gut auf Ihre Hündin auf. Sie können sonst sehr schnell zu unerwünschtem Nachwuchs kommen. Ich möchte hier eine kleine Geschichte wiedergeben, die einer unserer Zuchtwarte erlebte. Er wurde zur Wurfabnahme gerufen und stellte nach einem prüfenden Blick auf die Welpen fest, daß es sich auf keinen Fall um reinrassige Berner Sennenhunde handeln konnte. Der Züchter legte ihm jedoch einen Deckschein vor, in dem der Besitzer eines bekannten Deckrüden den Deckakt bescheinigte. Nach längerem Rätseln und Befragen stellte sich folgendes heraus: Die Besitzer der Hündin hatten diese nach erfolgtem Deckakt mit dem ausgewählten Bernerrüden wieder frei im Dorf herumlaufen lassen. Sie waren der Meinung, eine einmal gedeckte Hündin könne nicht mehr aufnehmen. Von dem Bernerrüden war sie leergeblieben. Ein unbekannter Dorfhund war hingegen der Vater ihrer Welpen.

Der Deckrüde

Warten Sie mit der Wahl des zu Ihrer Hündin passenden Rüden nicht, bis sie bereits läufig ist. Sie glauben gar nicht, wieviel Vorfreude es macht, Ausstellungen und Körtage mit diesem Ziel zu besuchen. Studieren Sie Zuchtbücher und Zuchttauglichkeitslisten. Sollten Sie noch unsicher sein, sprechen Sie mit anderen Bernerzüchtern oder einem Zuchtwart Ihres Vereins. Man wird Sie gern beraten. Es ist sehr wichtig, alles über das äußere Erscheinungsbild und Wesen auch der Eltern und eventuell der Großeltern der Zuchtpartner zu wissen. Viele Merkmale überspringen eine Generation, so daß sich beispielsweise das krause Haarkleid oder der helle Brand der Großeltern plötzlich bei den Enkeln wieder einfindet, obwohl die Eltern diese Fehler nicht aufweisen. Auch das Aussehen der Geschwister ist von Interesse. Man erlebt es immer wieder, daß Züchter von der Überlegung ausgehen, ich nehme den Bundessieger vom letzten Jahr, dann müssen die Nachkommen gut werden. (Der Titel macht sich außerdem so gut auf den Ahnentafeln!)

Leider gibt Bundessieger plus Bundessiegerin in den meisten Fällen ganz durchschnittlichen Nachwuchs. Ausschlaggebend ist vielmehr, daß Linien und der Typ der Eltern zusammenpassen. Sobald Sie einen passenden Rüden gefunden haben, informieren Sie den Besitzer über Ihre Absichten, seinen Hund in Ihrer Zucht einzusetzen. Ist Ihre Hündin dann läufig, teilen Sie ihm dies unverzüglich mit und machen gleichzeitig einen Termin für Ihre Anreise aus. Die Höhe der Deckgebühr sollten Sie unbedingt vor dem Deckakt mit dem Rüdenbesitzer vereinbaren. Wie oft sind nachträglich Streitigkeiten in diesem Punkt aufgetreten.

Für das „Deckgeschäft“ planen Sie genügend Zeit ein. Wenn Sie eine weite Anreise haben, machen Sie am besten ein paar Tage Urlaub. Es klappt nämlich oft nicht so schnell, wie man das gern möchte. Sowohl die Hündin als auch der Rüde sollten nie kurz vor dem Deckakt gefüttert werden. Geben Sie ihnen Zeit, sich gründlich zu entleeren, und bringen Sie sie dann in den Garten. Hier ziehen Sie sich abwartend und beobachtend in eine Ecke zurück und überlassen die Tiere ihrem Paarungsvorspiel. Wenn man sich dauernd helfend einmischt, verzögert man in der Regel die Sache nur.

Nach einer mehr oder weniger langen Zeit wird der Rüde aufreiten.

Nun müssen Sie zum Handeln bereit sein. Sobald die Tiere hängen und der Rüde sich gedreht hat, tut man gut daran, beide Partner zu halten und beruhigend auf sie einzureden, damit sie nicht auseinanderziehen und sich verletzen können. Das Hängen dauert zwischen fünf und 50 Minuten. In dieser Zeit erfolgt die Samenabgabe des Rüden in drei Phasen. Er gibt, so wird angenommen, 1 bis 1,5 Milliarden Samenzellen ab, von denen etwa sechs bis zwölf zur Verschmelzung mit einer Eizelle kommen. Hat sich der Rüde gelöst, sollten Sie die Hündin noch eine Weile beruhigen und festhalten. Bringen Sie sie dann zum Auto oder an einen anderen Platz, wo Sie ihr eine Weile Ruhe gönnen. Um die Chancen einer Trächtigkeit zu erhöhen, sollten Sie den Deckakt nach etwa 48 Stunden wiederholen. Nach erfolgtem Deckakt füllt der Rüdenbesitzer den Deckschein aus, den Sie später dem Zuchtwart bei der Wurfabnahme vorlegen müssen. Sollte die Hündin leerbleiben, so steht dem Züchter während ihrer nächsten Hitze fairerweise ein unentgeltlicher Deckakt zu.

Die Trächtigkeit

Im Durchschnitt beträgt die Tragzeit der Hündin 63 Tage. Es gibt jedoch Hündinnen, die bereits am 58. Tag normal werfen, und solche, die sich regelmäßig etwas mehr Zeit lassen. Hier spielt nach meinen Erfahrungen und denen anderer Züchter auch die Größe des Wurfes eine Rolle. Kleine Würfe mit nur ein bis drei Welpen kommen häufig etwas verspätet zur Welt, während die Welpen großer Würfe oft einige Tage zu früh geboren werden.

Am Anfang der Trächtigkeit bedarf die Hündin keiner besonderen Pflege und Aufmerksamkeit. Sie werden an ihr auch noch keine Veränderungen feststellen können, die auf eine erfolgte Befruchtung schließen lassen. Erst mit Beginn der dritten Woche läßt Ihre Hündin ein größeres Schlafbedürfnis erkennen. Vor allem in der sonnenarmen Zeit sucht sie sich jetzt mit Vorliebe sonnengewärmte Plätze. Durch die erfolgende Stoffwechselumstellung erbricht sie mindestens einmal, oft aber auch täglich, über einen kurzen Zeitraum Galle und Schleim.

Es gibt viele Hündinnen, die jetzt jeglichen Appetit verlieren. Das ist jedoch kein Grund zur Beunruhigung. Sie holen bis zum Ende der Trächtigkeit leicht alles wieder auf. Meist muß man die Futtermenge sogar kürzen, da bei einer zu dicken Hündin verstärkt Geburtskomplikationen zu befürchten sind. Das sicherste Zeichen einer Trächtigkeit ist ein heller, glasiger, zäher Ausfluß, den man etwa drei Wochen nach Belegung der Hündin beobachten kann. Diesen Ausfluß werden Sie niemals bei einer scheinträchtigen Hündin feststellen können. Ab der vierten bis fünften Woche beginnen sich die Zitzen leicht zu röten; und kurze Zeit später, etwa ab der sechsten Woche, werden Sie merken, daß der Umfang der Hündin zunimmt.

Leider kann man vom Umfang der Mutter nicht auf die Anzahl der zu erwartenden Welpen schließen. Jungen, gut trainierten Hündinnen mit straffer Bauchmuskulatur sieht man die Trächtigkeit ohnehin kaum an. In der ersten Hälfte der Tragzeit ist es ratsam, die Mutterhündin zu entwurmen. In der zweiten Hälfte sollten Sie Ihre Hündin täglich mit drei kleineren Mahlzeiten füttern. Die Fleischrationen müssen jetzt stark erhöht werden. Sie sollten der Hauptbestandteil der Mahlzeiten sein. In der sonnenarmen Jahreszeit gebe ich meinen Hündinnen täglich einen Eßlöffel Lebertran zusätzlich. Um den Kalziumbedarf zu decken, sollte eine Tablette Calzipot oder Ospulvit täglich jetzt noch ausreichen.

Machen Sie mit Ihrer Hündin mehrmals am Tag einen Spaziergang. Bewegung wird ihr sehr gut tun. Etwa zwei Wochen vor dem errechneten Wurfdatum ist es ratsam, den Wurfraum und die Wurfkiste vorzubereiten, damit die Hündin Zeit hat, sich daran zu gewöhnen. Unsere Hummel siedelte ganz selbstverständlich in ihre Wurfkiste um, sobald wir mit dem Aufstellen fertig waren.

Für eine Bernerhündin benötigen Sie eine Wurfkiste in den Abmessungen von 1,20 m mal 1,50 m. Die Hündin muß sich gut darin ausstrecken können und noch ausreichend Platz für ihre Welpen haben.

Der Rand sollte so hoch sein, daß die Welpen nicht darüber klettern können. In etwa 12 bis 14 cm Höhe bringen Sie innen rundum eine sogenannte Abstandsleiste an. Sie verringert die Gefahr, daß die Welpen von ihrer Mutter erdrückt werden. Damit die Hündin nicht immer über den hohen Rand springen muß, lassen Sie an der Vorderseite der Kiste eine Öffnung, die Sie mit einer einschiebbaren Platte verschließen können, wenn die Welpen später einmal in der Wurfkiste festgehalten werden sollen. Als Unterlage hat sich sehr gut eine passende Schaumstoffmatratze mit Kunstlederbezug bewährt. Hierüber ziehen Sie einen Bezug aus kochfestem, griffigem Stoff. Sie werden die Unterlage während der Geburt häufig wechseln müssen. Ich nehme dazu immer ausgediente Bettwäsche, die ich rasch unter der Hündin wegziehen kann. Da erfahrungsgemäß die meisten Würfe nachts fallen, ist es zweckmäßig, sich eine Liege oder zumindest einen bequemen Sessel ins Wurfzimmer zu stellen, damit man die Geburt genau verfolgen und notfalls jederzeit eingreifen kann.

Die Geburt

Folgende Anzeichen signalisieren den Beginn der Geburt: Etwa 24 Stunden vorher verweigern die meisten Hündinnen jegliche Nahrungsaufnahme. Ich hörte jedoch gerade wieder von einem Züchter, daß seine Hündin sogar zwischen der Geburt zum Futternapf gegangen war und gefressen hatte. Sie sollten das nach Möglichkeit verhindern. Es ist unnötig, in dieser Situation den Körper auch noch mit der Verdauung zu belasten. Die Hündinnen sind vielfach bereits sehr unruhig und versuchen Nester zu machen, indem sie in entlegenen Gartenwinkeln Gruben scharren und im Haus an ihrer Unterlage in der Wurfkiste oder den Teppichen kratzen.

Lassen Sie die Hündin in diesem Stadium nicht mehr allein aus dem Haus. Es kann Ihnen sonst passieren, daß der erste Welpe in einem Erdloch geboren wird. Die Haare an der Brust und an der Bauchdecke fallen sehr stark aus, und aus der Scheide tritt ein zäher, oftmals etwas blutig gefärbter Schleim. Mit Beginn der Geburt erschlaffen die Bindegewebe und Bänder im Beckenbereich sowie der Gebärmutterhals.

Wenige Tage nach der Geburt: Die Welpen liegen in engem Kontakt beieinander

Die Eröffnungsphase hat begonnen. Ihre Dauer ist sehr unterschiedlich und liegt im Durchschnitt zwischen 30 Minuten und mehreren Stunden. Bleiben Sie jetzt bei Ihrer Hündin. Besonders wenn sie zum ersten Mal wirft, wird sie nervös und unsicher sein. Neben der Wurfkiste halten Sie eine scharfe Schere, einige Frottiertücher, Zellstoff, Desinfektionsmittel, eine Rolle Nähseide, Schreibzeug und eine Waage bereit.

Treten in der zweiten Phase der Geburt, der sogenannten Austrittsphase, die Wehen im Abstand von etwa zehn Minuten auf, erkennen Sie beim Pressen der Hündin nach kurzer Zeit eine Vorwölbung im Bereich der Scham. Die Fruchtblase mit dem ersten Welpen tritt mit einem Schwall Fruchtwasser aus. Bei Schädellage geht das meist sehr schnell und ohne unsere Hilfe. Bei Steißgeburten kann die Austreibung des Welpen etwas länger dauern. Es empfiehlt sich dann, eventuell während der Wehe durch vorsichtiges Ziehen nachzuhelfen. Eine instinktsichere Hündin wird nach der Geburt sofort die Hülle aufreißen, die Nabelschnur durchbeißen und das Kleine kräftig lecken. Wenn die Mutter sich in ihrer Verwirrung nicht um den Welpen kümmert, müssen Sie unbedingt sofort eingreifen. Fassen Sie die Eihülle mit Daumen und Zeigefingern, und reißen Sie sie an der Nasenspitze des Jungen auseinander, damit es atmen kann. Halten Sie jetzt den Welpen der Mutter hin, so beginnt sie wahrscheinlich, ihn zu säubern und die Hülle restlos abzustreifen. Sollte sie dies immer noch verweigern, reinigen Sie Nase und Schnäuzchen des Welpen mit einem angefeuchteten Wattebausch und massieren ihn anschließend mit einem Frottiertuch, bis er kräftig schreit. Mit diesem akustischen Anreiz erwachen bei fast allen Hündinnen automatisch die Mutterinstinkte, und sie besorgen den Rest der Geburt allein. Andernfalls müssen Sie auch die Nabelschnur durchtrennen. Warten Sie, bis diese ganz blutleer ist (sie hat dann eine ganz weiße Farbe angenommen). Binden Sie die Schnur etwa 1 cm von der Bauchdecke entfernt mit Nähseide ab und durchtrennen Sie sie mit der Schere etwa 3 cm vom Bauch entfernt. Das am Welpen verbleibende Stückchen Nabelschnur trocknet aus und fällt nach wenigen Tagen von selbst ab. Die Nachgeburt (Plazenta) wird von der Hündin aufgefressen. Sie ist ein wichtiger Hormon- und Vitaminspender. Sie sollten jedoch die Hündin hindern, alle Nachgeburten zu fressen, da viele hierauf mit starkem Durchfall reagieren. In den Wehenpausen, vor allem wenn diese etwas länger dauern, können Sie die Hündin ruhig zum Lösen in den Garten führen. Doch halten Sie sie bitte an der Leine, und nehmen Sie bei Dunkelheit eine starke Taschenlampe mit. Es kann sonst leicht passieren, daß Sie eine überraschend einsetzende Geburt übersehen.

Lange wird es die Hündin ohnehin fern von ihren Jungen nicht aushalten und Sie wieder zurückziehen. Bevor sie die Wurfkiste wieder bezieht, reinigen Sie sie und legen saubere Tücher hinein. Sauberkeit muß während der Geburt oberstes Gebot sein. Der Hündin können Sie in den Pausen lauwarme Milch mit Kaffee und etwas Traubenzucker geben. Das regt den Kreislauf an und wird gern von ihr angenommen. Ich setze mit Beginn der Geburt die Kaffeemaschine in Betrieb, so daß alle, Helfer und Mutter, in den nächsten langen Stunden gut versorgt sind. Gehen Sie bitte vorsichtig mit Wehenspritzen um. Für meinen Geschmack und auch den vieler Tierärzte wird von den Züchtern viel zu schnell und zu oft gespritzt. Es gibt leider immer wieder Tierärzte, die ihren Kunden bei der Ankündigung der Geburt gleich ein Wehenmittel samt Spritze in die Hand drücken.

Auch wenn einmal ein bis zwei Stunden kein Welpe geboren wird, ist das kein Grund zur Aufregung. Versuchen Sie die Geburt damit zu unterstützen, daß Sie mit ihrem Beginn der Hündin alle zwei Stunden 10 bis 15 Tropfen Pulsatilla geben. Sie bekommen dieses homöopathische Mittel rezeptfrei in der Apotheke. Ich weiß, auch von Züchtern anderer Rassen, daß hiermit gute Erfolge erzielt werden.

Es ist sehr wichtig, nach dem Abnabeln jeden Welpen genau zu untersuchen, ob Mißbildungen vorliegen, und sein Geburtsgewicht festzustellen. Tragen Sie das Gewicht zusammen mit der speziellen Zeichnung des Welpen in eine Liste ein. Bei Bernerwelpen ist eine Unterscheidung fast immer sehr leicht möglich. Ein Welpe hat beispielsweise einen kleinen Nackenfleck, ein anderer an der rechten Vorderpfote mehr Weiß und ein dritter vielleicht keine weiße Schwanzspitze. Wiegen Sie die Welpen in den kommenden Wochen täglich. Bewahren Sie die Listen auf, so daß Sie bei späteren Würfen immer wieder gute Vergleichsmöglichkeiten haben. Ist eine regelmäßige Gewichtszunahme zu verzeichnen, so kann man davon ausgehen, daß mit Mutter und Welpen alles in Ordnung ist.

Als bei einem Wurf unserer Hummel am sechsten Tag kein Welpe kaum mehr zugenommen hatte, war uns klar, daß mit ihr etwas nicht stimmen konnte. Die Tierärztin stellte eine beginnende Milchdrüsenentzündung fest und leitete sogleich eine Behandlung ein, so daß Schlimmeres verhindert werden konnte. Nimmt nur ein Welpe nicht richtig zu, so ist er mit Sicherheit nicht gesund. Die Gewichte neugeborener Bernerwelpen liegen etwa zwischen 350 und 670 Gramm. Die meisten wiegen

Mutterglück

500 Gramm, wenn sie zur Welt kommen. Nach einer Woche sollte sich das Gewicht verdoppelt haben. Wenn die Geburt beendet ist, säubern Sie die verschmutzte Wurfkiste und legen nochmals frische Tücher hinein. Danach sollte man Mutter und Kindern einige Stunden Ruhe gönnen. Sie selbst werden jetzt froh sein, sich einige Stunden hinlegen zu können. Bei auftretenden Komplikationen wird sofort der Tierarzt verständigt. Ihn sollten Sie übrigens einige Zeit vorher über den Geburtstermin informieren, damit er sich bereithält. Mitunter ist ein operativer Eingriff erforderlich, und wertvolle Zeit braucht mit der Suche nach einem Tierarzt nicht vertan zu werden.

Unsere Welpen

In den ersten Tagen beschränkt sich die Betreuung unseres Wurfes aufs Beobachten und eine genaue Kontrolle. Ein gesunder Welpe fühlt sich bereits nach 24 Stunden prall an. Er hat eine energische Stimme und verfügt über erstaunliche Kräfte. Mit kräftigen Stemmbewegungen der

Hinterbeine strebt er zielsicher immer wieder zu den mütterlichen Milchquellen. Mit Welpen, die apathisch abseits liegen, kaum den Kopf heben und kläglich piepsen, ist etwas nicht in Ordnung. Sie werden meist von der Mutter nicht angenommen, sondern beiseite geschoben. Oftmals werfen sie diese Welpen aus der Wurfkiste. Hier mit künstlicher Ernährung nachzuhelfen ist vergebliche Mühe. In der Regel gehen die Welpen nach wenigen Tagen trotz aller Bemühungen ein. Welpen mit anatomischen Fehlern wie Hasenscharten, Spaltnasen und Gaumenspalten schläfern wir natürlich sofort ein. Zum Glück kommen diese Fehler nur sehr selten vor. Welpen mit Farbfehlern wie Halsring, Stiefel, Schnauzenweiß bis weit hinter die Lefzenwinkel oder sehr großem Nackenfleck bekommen vom Zuchtwart bei der Wurfabnahme ein Zuchtverbot in die Papiere eingetragen. (Diese sollten vom Züchter preiswerter abgegeben werden.)

Für eine kräftige, gesunde Bernerhündin sind maximal acht aufzuziehende Welpen die noch vertretbare Höchstgrenze. Mehr Welpen bedeuten eine zu große Belastung für die Hündin, was sich letztlich auf den Zustand des ganzen Wurfes auswirkt. Hier müssen Sie als Züchter in jedem Fall die Hündin, durch Zufüttern der Welpen mit einer Welpenmilch, entlasten.

Kontrollieren Sie, welche Ihrer Welpen Afterkrallen, auch Wolfskrallen genannt, haben. Es handelt sich hierbei um die bei Haushunden noch sehr häufig zu den normalen vier Zehen auftretende erste Zehe, ein loses, oft doppeltes Gebilde an der Innenseite der Hinterpfote. Diese nutzlose Zehe lassen Sie in den ersten Tagen nach der Geburt von Ihrem Tierarzt oder einem erfahrenen Zuchtwart entfernen. Es handelt sich hierbei um eine einfache Operation, von deren Wunde nach zwei Tagen kaum noch etwas zu sehen ist. Die vorderen Afterkrallen werden beim Berner Sennenhund in der Regel nicht entfernt. Sie sitzen sehr hoch an der Innenseite des Vorderlaufes. Da die Hündin besonders in den ersten Tagen nach der Geburt noch viel grünlich-schwarzen Ausfluß hat, ist es unbedingt erforderlich, mehrmals täglich die Tücher in der Wurfkiste zu wechseln.

Eine gute, gehaltvolle Fütterung der Mutterhündin mit reichlich frischem Fleisch und Milch sollte während der Säugeperiode eine Selbstverständlichkeit sein. Außerdem braucht sie jetzt täglich Kalk- und Vitaminzusätze. Verteilen Sie die Futtermenge auf drei bis vier Mahlzeiten. Führen Sie die Hündin mehrmals am Tag spazieren, damit sie sich gründlich säubern kann. Auch die Intensität des Ausflusses wird hierdurch angeregt. Sie werden sie in

Zum ersten Mal
im Freien

den ersten Tagen an die Leine nehmen müssen, da sie ihre Jungen nur sehr ungern verläßt. Um sie nicht unnötig aufzuregen, kehren Sie sofort nach dem Lösen wieder nach Hause zurück.

Die erste Wurmkur sollten Sie mit den Welpen spätestens nach 14 Tagen durchführen. Wiederholungen sind nach jeweils 12 Tagen bis einige Tage vor der Impfung fällig. Um die Hündin vor den nadelspitzen Krallen der Welpen zu schützen, schneiden Sie sie etwa drei Wochen nach der Geburt mit einer scharfen Schere etwas kürzer. Sie verhindern so, daß das empfindliche Gesäuge der Mutter beim Milchtritt ständig zerkratzt wird, und verlängern die Säugezeit um bis zu zehn Tage.

Wenn die Welpen etwa drei Wochen alt sind, werden Sie anhand der Zunahmegewichte feststellen, daß Sie mit der Zufütterung beginnen sollten. Ein genauer Termin kann hier aber nicht gegeben werden. Während manche Hündinnen die Milchproduktion bereits sehr früh reduzieren und bald ganz einstellen, säugen andere ihre Welpen wenigstens zweimal täglich noch mit sieben oder acht Wochen. Als erste Futterzugabe ist frische, lauwarme Milch mit einem verquirlten

Ei gut geeignet. Machen Sie nicht den Fehler, die Milch mit Wasser oder Kamillentee zu verdünnen. Hundemilch enthält etwa 10,0 Prozent Eiweiß und 9,6 Prozent Fett, während Kuhmilch etwa 3,5 Prozent Eiweiß und 3,4 Prozent Fett enthält. Hieraus können Sie ersehen, daß verdünnte Kuhmilch fast keinen Nährwert mehr besitzt. Die im Handel erhältlichen Trockenmilchprodukte für Welpen sind zu empfehlen. Sehr gute Erfahrungen wurden auch mit Lämmeraufzuchtsmilch gemacht. Man kann sie über landwirtschaftliche Genossenschaften beziehen.

Lassen Sie die Welpen zunächst aus einer größeren flachen Schüssel gemeinsam fressen. Später geben Sie jedem Hund seinen eigenen Napf, damit Sie besser kontrollieren können, wieviel jeder frißt und ob auch jeder die ihm zugedachte Menge Kalk und Vitamine erhält.

Drei bis vier Tage nach dem ersten Zufüttern bekommen meine Welpen täglich zweimal zur Milch etwas feingehacktes Rind- oder Pferdefleisch. Auch feingeschabtes Hühnerfleisch wird sehr gern angenommen. Erhöhen Sie nach Gefühl alle paar Tage die Futtermenge, und mischen Sie bald ein wenig Matzingerflocken oder ähnliches unter. Wenn Sie möchten, daß Ihre Welpen später sichere und menschenfreundliche Hunde werden, die sich ohne Scheu in ihrer Umwelt zurechtfinden, so können Sie jetzt bereits den Grundstock legen. Beschäftigen Sie sich soviel wie möglich mit den Kleinen. Lassen Sie auch alle Ihre Bekannten ins Welpenzimmer. Kinder sollten hier allerdings nicht unbeaufsichtigt sein. Mit etwa sieben Wochen lassen Sie Ihre Welpen vom Tierarzt impfen, so daß Sie sie im Alter von acht bis zehn Wochen an ihren neuen Besitzer abgeben können.

Daran sollten Sie noch denken!

Umweltprobleme

Immer wieder erhalte ich Telefonanrufe, worin besorgte Hundebesitzer mir von ihren Problemen mit ihren Mitmenschen berichten. Ich muß dazu sagen: Sehr viel Ärger ließe sich vermeiden, wenn, wie sooft im Leben, beide Seiten etwas mehr Verständnis füreinander aufbringen würden.

Sie werden sich sicherlich freuen, wenn Ihr Berner Ihr Grundstück gut bewacht und jeden Fremden verbellt. Ihr Nachbar fühlt sich dagegen in seiner Mittagsruhe gestört. Außerdem stellt andauerndes Bellen bei Nacht eine Ordnungswidrigkeit im Sinne der Verordnung zur Lärmbekämpfung dar, die von den Innenministern der Länder erlassen wurde. Bitte, veranlassen Sie alles Erforderliche, damit Ihr Berner keinesfalls ab 22.00 Uhr bis zum Morgen und selbstverständlich auch von 13.00 bis 15.00 Uhr Ihre Nachbarn durch Bellen belästigt. Es ist leider schon vielfach vorgekommen, daß Hundebesitzer wegen Ruhestörung verklagt wurden. In unserer zivilisierten Welt haben wir uns alle an die Geräusche des Straßen- und Luftverkehrs gewöhnt. Das Bellen von Hunden und das Krähen eines Hahns geht dagegen vielen Menschen auf die Nerven. Vermeiden Sie es nach Möglichkeit, daß Ihr Berner beim „Gassigehen" die Gehsteige verschmutzt oder seinen Haufen gerade vor der Einfahrt Ihres Nachbarn ablegt. Ich weiß, daß sich das oft nicht beeinflussen läßt. Entfernen Sie dann unbedingt das „Malheur". Es werden hierzu sogar verschiedene Dinge im Handel angeboten. Sie können sich nicht darauf berufen, daß Sie ja schließlich Hundesteuer bezahlen. Absolut tabu sollten für Ihren Hund Kinderspielplätze und Sandkästen sein. Ihre Verschmutzung durch Hundekot stellt eine erhebliche Gefährdung der hier spielenden Kinder dar.

Wenn man als Hundenarr immer daran denkt, daß nicht alle Menschen unser Hobby und unsere Liebe zum Hund teilen, kann man das Miteinander viel erträglicher gestalten.

Kostenloser Welpen-Service von Pedigree® Pal®

Haben Sie einen Welpen?

Als frischgebackener Hundebesitzer hat man viele Fragen: Wie wird mein Hund stubenrein? Wie lernt er, an der Leine zu gehen? Wie erziehe ich ihn? Was sollte er fressen? Und vieles mehr. Pedigree® Pal® bietet jedem Welpenbesitzer einen kostenlosen Informations-Service, der Sie während des ersten Lebensjahres Ihres Hundes begleitet. So erhalten Sie bis zu fünfmal immer genau die Informationen über Verhalten, Erziehung und Ernährung, die Sie entsprechend dem Lebensalter Ihres Hundes gerade brauchen. Dazu gibt es viele Tips und Wissenswertes aus der Welt junger Hunde – und machmal eine kleine Überraschung! Wenn Sie an diesem Service Interesse haben, schreiben Sie einfach an Pedigree® Pal®, wann genau Ihr Hund geboren ist. Die Anschrift lautet:

Pedigree® Pal®,
Postfach 1260,
22859 Hamburg.
Oder rufen Sie an:
01805/33 45 45 (Mo–Fr, 9–18 Uhr, 0,48 DM/Minute)

Ernährung

Der Hund braucht mehr als Fleisch

Leben ist Bewegung. Leben ist Wachstum. Leben ist Stoffwechsel. Damit Lebensvorgänge ablaufen können, muß sich das Lebewesen ernähren. Der Zweck der Ernährung ist es, dem Körper Nährstoffe zuzuführen. Diese dienen der Bewegung, indem sie Energie liefern, dienen dem Wachstum, indem sie die Baustoffe darstellen, dienen dem Stoffwechsel, indem sie verbrauchte Substanzen ersetzen. Nährstoffe befinden sich in der Nahrung. Tiere sind von organischen Stoffen abhängig. Diese gehen sämtlich auf Stoffwechselprodukte der Pflanzen zurück.

Der Hund als Nachfahre des Wolfes steht am Ende der Nahrungskette. Er verwertet nicht die Pflanze selbst, sondern pflanzenfressende Tiere. Die wildlebenden Ahnen unseres Hundes verzehrten ihre Beute meist vollständig. Von daher geht der Begriff „Fleischfresser“ am Kern vorbei. Denn nicht nur Muskelfleisch, sondern ebenso die Knochen, Sehnen, das Fell und natürlich die Innereien samt dem pflanzlichen Inhalt, wurden verschlungen. Treffender ist also die Bezeichnung „Beutetierfresser“.

- Der Hund steht am Ende der Nahrungskette.
- Der Hund benötigt neben Fleisch auch Fett, Mineralstoffe, Vitamine und pflanzliche Materialien.
- Der Hund ist ein Beutetierfresser.

Das Verdauungssystem spaltet die Nahrung auf

Dem Wolf wie auch seinem Nachfahren Hund sind eine Reihe spezialisierter Organe eigen, mit denen er seine Nahrung beschaffen, zerkleinern und verwerten kann. Die Zähne dienen dem Ergreifen und Zerteilen der Beute. Mit Hilfe des Speichels gleitfähiger gemacht, gelangt die Nahrung durch die sehr dehnbare Speiseröhre in den Magen. Hier erfolgt eine erste Aufspaltung der einzelnen Bestandteile. Dieser Vorgang wird im Dünndarm fortgesetzt. Unverzichtbare Hilfe leisten dabei Verdauungsenzyme, die in der Bauchspeicheldrüse gebildet werden. Ihre Aufgabe ist die biochemische Zerkleinerung der Nährstoffe bis auf die Grundbausteine. Nur so zerlegt ist die Nahrung letztendlich verwertbar. Die Nährstoffe werden dann von der Darmschleimhaut aufgenommen und mit Hilfe des Blutkreislaufs in

Rundum wohlgenährt: 10 Wochen alter Welpe

jede noch so entlegene Zelle des Körpers transportiert. Dort erst erfüllen sie ihre eigentliche Funktion. Im Muskel beispielsweise wird die biochemische Energie bestimmter Nährstoffe in Bewegungsenergie umgewandelt, im Knochen dienen andere Nährstoffe als Bausteine den Wachstumsvorgängen. Unverwertbare Bestandteile der Nahrung gelangen in den Dickdarm und werden wieder ausgeschieden.

- Die Nahrung muß aufgespalten werden, um verwertbar zu sein.
- Die Aufspaltung erfolgt hauptsächlich im Darm.
- Die Nährstoffe werden mit dem Blutkreislauf aus dem Darm in alle Körperzellen transportiert.

Hohe Energieausbeute nur bei hochverdaulicher Nahrung

Ob unser Berner läuft, springt, mit dem Schwanz wedelt oder vielleicht nur daliegt und Herrchen oder Frauchen beim Lesen zuschaut – jeder dieser Vorgänge braucht Energie, sie ist die treibende Kraft aller Lebensvorgänge. Unser Hund bezieht sie aus seinem Futter. In biochemischer Form gespeichert, gelangt Energie in den Körper und wird dort in die unterschiedlichsten Lebensäußerungen umgewandelt. Bei diesen Umwandlungsprozessen gibt es Verluste. Über Kot und Harn werden Stoffe ausgeschieden, die noch Energie speichern. Auch Wärmeverluste schmälern die Energieausbeute für den Organismus. Dennoch hat das Energieumwandlungssystem „Hund" einen höheren Wirkungsgrad als jedes vom Menschen ersonnene. Eines liegt jedoch auf der Hand: Je höher die Verdaulichkeit der Nahrung ist, desto geringer sind die Energieverluste für den Hund.

- Ohne Energie gibt es kein Leben.
- Die Energie ist in der Nahrung.
- Je höher die Nahrung verdaulich ist, desto besser wird sie verwertet.

Eiweiße sind Baustoff, Energieträger und Wirkstoff zugleich

Jeder Hund benötigt über fünfzig verschiedene Nährstoffe, und zwar Tag für Tag, ein Leben lang. Man kann diese der besseren Übersichtlichkeit halber in Hauptnährstoffgruppen zusammenfassen. Eine wesentliche dieser Gruppen wird von den Eiweißen oder Proteinen gebildet. Sie stellen wichtige Körperbausteine dar. Nur eine einzige Körpersubstanz überhaupt enthält keine Eiweiße als Baustein, und das ist der Zahnschmelz. Alle anderen Gewebe, ob nun Muskel, Nerven, Haut oder innere Organe, bestehen in irgendeiner Form aus Eiweißen. Sogar der

Beeren rupfen…

Knochen enthält nicht nur Mineralstoffe, sondern eben auch Gerüstproteine. Darüberhinaus werden wichtige Wirkstoffe wie Enzyme und Hormone durch Eiweiße aufgebaut. Außerdem sind Eiweiße eine Energiequelle für Hunde. Die Energieausbeute beim Abbau der Eiweiße ist jedoch nicht besonders hoch. In dieser Hinsicht ist die Nutzung von Fetten effizienter. Fette sind die für den Hund günstigste Energiequelle. Die Ausbeute bei ihrem biochemischen Abbau ist um etwa ein Drittel höher als bei Eiweißen. Fette sind jedoch nicht nur Energielieferanten. Sie stellen auch wichtige Bausteine für Zellmembranen dar und sind unverzichtbarer Bestandteil von bestimmten Hormonen und Vitaminen. Kohlenhydrate kommen in der Natur in großen Mengen in Pflanzen vor.

Das Verdauungssystem des Hundes kann diese nur in erhitzter Form spalten. Dann stellen einige Kohlenhydrate jedoch gute Energielieferanten dar. Weiterhin dienen Kohlenhydrate als Ballaststoffe. In dieser Funktion regen sie die Darmbewegung an und sind so für die Passage der Nahrung durch den Darm unerläßlich. Ebenso wichtige, jedoch grundsätzlich andere Aufgaben erfüllen die Mineralstoffe. Die bekanntesten unter ihnen, Kalzium und Phosphor, bilden die Hauptbestandteile der Knochen. Sie fungieren also als Baustoff. Andere Mineralstoffe werden im Stoffwechsel von Substanzen benötigt, welche Steuer- und Regelungsmechanismen bedienen. So gibt es eine Reihe von Enzymen und Hormonen, die ohne die Anwesenheit bestimmter Mineralstoffe wirkungslos blieben. Weiterhin laufen so wichtige Vorgänge wie Blutgerinnung, Muskelkontraktionen oder die Erregungsleitung in Nerven nur ab, wenn die dazugehörigen Mineralstoffe dem Körper über die Nahrung zugeführt werden. Die Gruppe der Mineralstoffe kann man noch einmal unterteilen in Mengenelemente (von diesen wird ein bedeutendes Quantum täglich benötigt) und Spurenelemente (hiervon reichen oft schon ganz geringe Mengen im Mikrogrammbereich aus). Schließlich müssen noch die Vitamine in der Nahrung sein, von denen es fettlösliche und wasserlösliche gibt. Vitamine haben lebenswichtige Steuerfunktionen, dienen dem Sehvermögen, der Krankheitsabwehr oder dem Energiestoffwechsel.

- Eiweiße sind Baustoff, Energieträger und Wirkstoff zugleich.
- Fette sind die günstigste Energiequelle.
- Mineralstoffe bauen das Skelett auf und steuern lebenswichtige Vorgänge im Stoffwechsel
- Vitamine regeln unverzichtbare Lebensprozesse.

Wachsende Hunde benötigen spezielle Nahrung

Die moderne Tiermedizin hat die Besonderheiten des Hundestoffwechsels genau untersucht. So besteht heute die Möglichkeit, nicht allein den Energiebedarf eines heranwachsenden Hundes genau anzugeben, sondern auch seinen Bedarf an Kohlenhydraten, Eiweißen und Fetten sowie Mineralstoffen und Vitaminen. Dies ist entscheidend, wenn man das Ziel hat, durch eine artgerechte Bilanzierung von Nahrungsbestandteilen

...macht Spaß

eine gesunde Hundeentwicklung zu fördern.

Ein gutes Beispiel dafür ist der Bewegungsapparat. Mit Hilfe von Messungen der Wachstumsgeschwindigkeit der Knochen, Röntgenaufnahmen des Bewegungsapparates, Bestimmungen der Knochendichte, Vergleich von vielen hundert gesund aufgewachsenen Hunden und weiteren Untersuchungsverfahren ist der Bedarf an Kalzium und Phosphor genau festgestellt worden. Aufgrund dieser Zahlen sind wissenschaftlich exakte Empfehlungen für die Versorgung mit diesen Mengenelementen möglich – und zwar jeden Monat im Leben eines wachsenden Hundes.

Wegen des hohen Bedarfs der Welpen an knochenaufbauenden Mineralstoffen liegt der Kalzium- und Phosphorbedarf in den ersten beiden Lebensmonaten rund viermal höher als beim erwachsenen Hund. Mit zunehmender Mineralisierung der Knochen nimmt er im Laufe des Wachstums stetig ab. Um ein gleichmäßiges Knochenwachstum und eine gesunde Skelettentwicklung zu erreichen, kann die Versorgung mit Kalzium und Phosphor eigentlich nur durch eine ausgewogene, altersangepaßte Vollnahrung problemlos gewährleistet werden.

Eine Selbstherstellung von Hundenahrung ist wegen der möglichen Unter- oder Überversorgung mit lebenswichtigen Nährstoffen insbesondere bei Welpen sehr kritisch. So ist in „Eigenmischungen" das Kalzium/Phosphor-Verhältnis meist nicht korrekt ausbilanziert.

Die Wachstumsrate junger Hunde und die Unterschiede zwischen einzelnen Hunden werden übrigens nicht allein durch Erbanlagen bestimmt. Auch äußere Faktoren wie Ernährung, Klima oder Krankheiten sind wichtig. Eine optimale Gestaltung der äußeren Einflußfaktoren kann das Wachstum im positiven Sinne beeinflussen – also eine artgerechte, angemessene Ernährung, gute Haltungsbedingungen und eine vernünftige Krankheitsverhütung, zum Beispiel durch Impfungen. Da es bei jedem Hund Unterschiede der äußeren Bedingungen gibt, variiert die Gewichtsentwicklung von Individuum zu Individuum ein wenig. Das bedeutet, daß es immer Abweichungen des altersentsprechenden Körpergewichtes von den wissenschaftlich ermittelten Durchschnittswerten gibt. Diese Unterschiede sind aber nicht nur von wissenschaftlichem Wert. In der Praxis ergeben sich aus den natürlichen Differenzen bei der Wachstumsgeschwindigkeit Unterschiede beim Bedarf der wachsenden Hunde an Energie, Eiweißen und insbesondere auch Mineralstoffen. Dies muß bei der Ernährung von Welpen und Junghunden bedacht und einkalkuliert werden.

Das Verdauungssystem und der Stoffwechsel von Welpen weisen eine Reihe von Besonderheiten auf. Der Magen ist noch relativ klein, so daß nur eine begrenzte Menge Nahrung aufgenommen werden kann. Diese eingeschränkte Speicherfunktion des Magens macht eine häufige Nahrungsaufnahme notwendig.

Einige Körpergewebe beziehungsweise Organsysteme sind während der ersten Lebensmonate ganz besonders auf eine richtig zusammengesetzte Nahrung angewiesen, um sich so entwickeln zu können, wie es die Natur vorgesehen hat. Hierzu gehören Bewegungsapparat, Abwehrsystem, Fortpflanzungssystem, Haut und Fell sowie Lunge und Atemwege. Anders als das Herz-Kreislauf-System des jungen Hundes, das sich schon im Mutterleib fast vollständig entwickelt hat, reift beispielsweise der Bewegungsapparat erst später aus. So sind nach der Geburt zwar sämtliche Knochen beim Welpen angelegt und vorhanden, bestehen aber überwiegend noch aus Knorpel, also einem Gewebetyp, der zwar sehr elastisch ist, jedoch nur eine geringe Festigkeit hat. Dieses bindegewebige Gerüst wandelt der Organismus nach und nach zum tragfähigen Knochen um, indem er Mineralstoffe – vor allem Kalzium und Phosphor – einlagert. So entwickelt der Junghund im Laufe vieler Monate die biologisch notwendige Festigkeit seiner Knochen. Solange bleibt den noch nicht voll mineralisierten Knochen die Möglichkeit, weiter zu wachsen. Erst gegen Ende der Wachstumsperiode des Hundes verschließen sich die Wachstumsfugen der Knochen, die bis dahin ein Längenwachstum ermöglicht haben. Im gesamten Zeitraum der Knochenbildung muß also die Zusammensetzung der Nahrung optimal auf die Bedürfnisse des Knochenwachstums eingestellt sein.

Junge Hunde haben keinen Schutzmechanismus vor überhöhter Kalziumzufuhr mit der Nahrung wie erwachsene Tiere.

Unter dem Einfluß von Hormonen wird ein eventueller Kalziumüberschuß überwiegend in den Knochen eingelagert, was im Endeffekt zu einer gesteigerten und gleichzeitig gestörten Verknöcherung führt. Die daraus resultierenden Skelettdeformierungen und Bewegungseinschränkungen sind im späteren Lebensalter nicht wiedergutzumachen. Die Empfehlung, Junghunden eine Kalziumergänzung – selbst bei Verwendung einer vollständigen und richtig bilanzierten Vollnahrung – zukommen zu lassen, ist wissenschaftlich nicht haltbar. Wegen der möglichen Gefahren ist die Gabe von kalziumreichen Nahrungsadditiven deswegen zu vermeiden.

- Wachsende Hund haben einen höheren Energiebedarf.

- Das heranwachsende Skelett braucht mehr als doppelt so viele Mineralstoffe.
- Spezielle Welpennahrung deckt alle Bedürfnisse ab.

Fertignahrung ist hochwertig, sicher und bequem

Wie wir gesehen haben, benötigen Hunde sehr viele verschiedene Nährstoffe. Diese müssen nicht nur in der optimalen Menge, sondern auch im richtigen Verhältnis zueinander in der Nahrung sein. Hinzu kommen besondere Lebenssituationen wie Wachstum, Phasen hoher körperlicher Belastung, Trächtigkeit oder Alter. Jede dieser Situationen bringt veränderte Nährstoffansprüche mit sich. Verdaulichkeit und Schmackhaftigkeit des Futters sollen auch gewährleistet sein, damit der Hund den Napf leert. Wollten wir unserem Hund selbst die tägliche Nahrung bereiten, hätten wir das alles zu beachten. Wir müßten den Gehalt der Ausgangsmaterialien an Eiweißen, Fetten, Mineralstoffen und Vitaminen genau kennen.

Wer jedoch mißt die Menge essentieller Aminosäuren oder den Vitamingehalt eines Stückes Fleisch? Wieviel Kalzium ist denn nun in

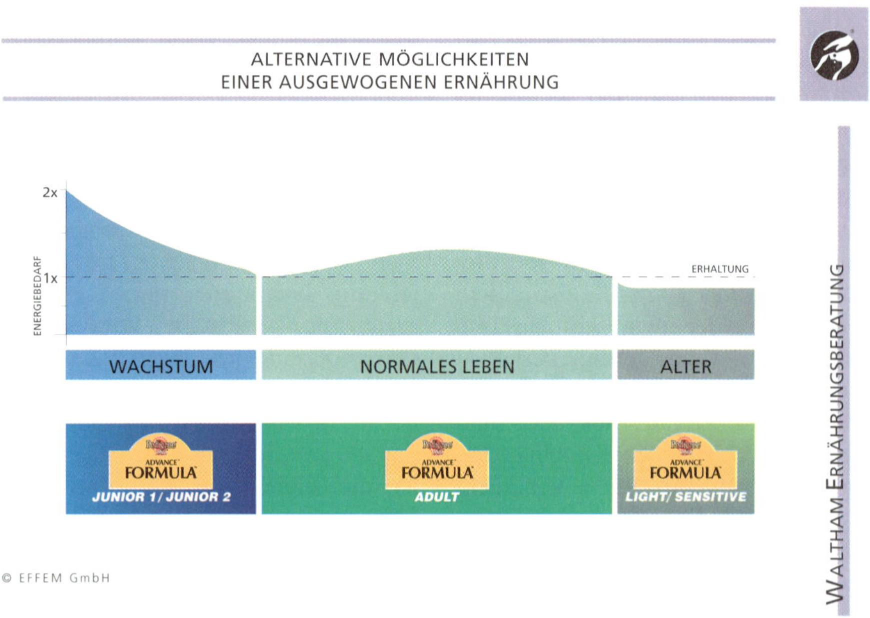

Zwei stattliche Vertreter ihrer Rassen: Berner Sennenhund und Langhaarteckel (zugleich ein Größenvergleich)

der Messerspitze Futterkalk enthalten? Und was ist mit der Zeit, die wir für die tägliche Futterration unseres vierbeinigen Freundes benötigen würden?

Am sichersten ist die Verwendung qualitativ hochwertiger Fertignahrung, wie sie von verantwortungsbewußten, erfolgreichen Züchtern empfohlen wird. Alle Nährstoffe sind in richtiger Menge und optimalem Verhältnis enthalten. Man kann genau portionieren, die Fütterung ist sauber, schnell und bequem. Das deutsche Futtermittelrecht regelt die Zusammensetzung streng und genau. Es dürfen nur einwandfreie Rohmaterialien von gesunden Tieren und Pflanzen verwendet werden. Fertignahrung ist also der beste und sicherste Weg, unseren Hund richtig und gesund zu ernähren. Und schmecken wird es ihm ganz gewiß.

- Futterselbstzubereitung ist kompliziert, zeitraubend und erfordert Spezialkenntnisse.
- Fertignahrung ist sicher, hat hohe Qualität und erfüllt alle Nährstoffansprüche des Hundes.

Wichtige Tips zur Fütterung Ihres Hundes

1. Bei der Verwendung von Fertignahrungsmitteln, die als „Alleinfutter“ deklariert sind, erhält Ihr Hund alle lebensnotwendigen Nährstoffe in ausgewogener Zusammensetzung für ein langes, gesundes Hundeleben.
2. Ein Welpe braucht zu Beginn seines Lebens etwa doppelt soviel Nährstoffe und Energie wie ein ausgewachsener Hund, deshalb füttern Sie in der Wachstumsphase ein Fertigfutter, wel-

ches für wachsende Hunde bestimmt ist.

3. Verwenden Sie als Milchersatz im Welpenalter nur spezielle Welpenmilchprodukte, Kuhmilch ist auf keinen Fall zu empfehlen, da sie nicht eiweiß- und fettreich genug ist und zu Durchfällen führen kann.
4. Achten Sie darauf, Futterumstellungen langsam und schrittweise über fünf Tage durchzuführen, so daß sich der Verdauungstrakt des Hundes an die neue Nahrung gewöhnen kann.
5. Füttern Sie stets zur gleiche Zeit und möglichst am gleichen Ort, weder zu heiß noch zu kalt (nicht direkt aus dem Kühlschrank).
6. Bieten Sie ihrem Hund nur die Menge, die er auch auffrißt, keine Futterreste stehenlassen.
7. Frisches Wasser zum Trinken sollte Ihr Hund stets zur Verfügung haben.
8. Füttern Sie Fleisch bitte nur im abgekochten Zustand, bei der Fütterung von rohem Fleisch besteht Infektionsgefahr.
9. Bei der Verwendung eines hochwertigen Fertigfutters brauchen Sie keinerlei Zusatzstoffe oder Ergänzungsfuttermittel zusätzlich zu füttern.
10. Bei älteren Hunden ist die Futtermenge in 2–3 Mahlzeiten aufzuteilen. Die verwendeten Eiweiße müssen hochwertig und hochverdaulich sein.

Gesundheit

Vorbeugen ist besser als Heilen

Artgerechte Haltung, Pflege und Ernährung sind Voraussetzungen für die Gesundheit. Das seelische Wohlbefinden des Hundes ist so wichtig wie das körperliche. Der gesunde Hund nimmt aufmerksam und lebhaft Anteil an seiner Umgebung. Er ist kräftig und ausdauernd. In der Ruhe atmet er 10- bis 20mal, das Herz schlägt 70- bis 100mal in der Minute. Die Körpertemperatur liegt um 38,5 °C. Gesundheit ist nicht nur „Freisein von Krankheiten", sie schließt auch Widerstandskraft gegen Infektionen ein.

Das Haarkleid schützt nicht nur gegen Wind und Wetter, es ist auch Zeichen von Gesundheit. Stumpfes Haar, ständiger Haarausfall und star-

Berner können harte Witterung vertragen

ker Geruch deuten auf innere Erkrankungen hin. Die Haut soll frei von Schuppen und Rötungen sein, kein Juckreiz soll den Hund plagen.

Flöhe, Läuse und Haarlinge kann auch der gepflegteste Hund von einer Hundebegegnung mitbringen. Bei Juckreiz wird als erstes die Haut auf Flohstiche – bis zu linsengroße, geschwollene Rötungen – und das Fell auf Parasitenkot – kleine schwarze Pünktchen – abgesucht. Lieblingssitze der ungebetenen Gäste sind die Innenflächen der Hinterbeine, die „Achselhöhlen" und die Ohrmuscheln. Bei leichtem Befall genügt ein Flohpuder oder -spray. Wirksamer sind Waschlösungen, die das Fell bis auf die Haut benetzen, oder verschreibungspflichtige Mittel, die auf die Haut getropft werden und bis zu vier Wochen wirken. Das Ablecken solcher Mittel muß aber unbedingt verhindert werden. „Anti-Floh-Halsbänder" geben bis zu vier Monaten gas- oder puderförmige Wirkstoffe ab. In Hundehütten können bei einigen Halsbändern Giftgaskonzentrationen auftreten, die auch für den Hund bedenklich sind. Manche Halsbänder verlieren zudem durch Nässe an Wirksamkeit. Bei Flohbefall muß immer das Lager des Hundes mitbehandelt werden. Moderne Spezialmittel töten dabei nicht nur „erwachsene" Flöhe, sondern stoppen auch die weitere Entwicklung der Flohlarven. Hundedecken werden am besten ausgekocht, Teppiche regelmäßig gesaugt und Stroh in der Hütte gewechselt.

Zecken lassen sich aus dem Gebüsch auf den Hund fallen, beißen sich in der Haut fest und saugen sich mit Blut voll. Je länger sie saugen, desto größer ist in bestimmten verseuchten Gegenden die Gefahr, daß eine für Hunde gefährliche Infektionskrankheit, die Borreliose, übertragen wird. Deshalb sollten Zecken so rasch wie möglich entfernt werden. Sie dürfen aber nicht einfach ausgerissen werden, weil dabei die Beißwerkzeuge in der Haut steckenbleiben und Entzündungen verursachen können. Am besten erfaßt man die Zecke mit einer Spezialpinzette und hebelt sie drehend aus der Haut heraus. Man kann sie aber auch mit Alkohol, „Desinsekt-Spray" oder in Öl eingehüllt betäuben und dann herausdrehen, sofern sie nicht innerhalb einer halben Stunde abgefallen ist. Inzwischen gibt es, allerdings nur beim Tierarzt, ein Anti-Zecken- und -Flohhalsband, das den Befall mit Zecken weitgehend und das Blutsaugen sicher verhindert.

Die Ohren sollten alle vier Wochen gereinigt werden. Mit Wattestäbchen kann man das Trommelfell zwar kaum verletzen, das Ohrenschmalz aber in der Tiefe zusammenstopfen. Besser ist ein alkoholischer Ohrreiniger, der randvoll ins

Ohr eingegossen und bei zugedrückter Ohrmuschel durchmassiert wird. Das gelöste Ohrenschmalz kann der Hund dann selbst ausschütteln, vorzugsweise im Freien. Dunkle, übelriechende Beläge im Ohr zeigen eine Entzündung an. Meist wird sich der Hund dann auch am Ohr oder – scheinbar – am Halsband kratzen und den Kopf schütteln. Ursache des „Ohrenzwanges“ können Ohrenmilben, Grasgrannen oder andere Fremdkörper sowie Bakterien und Pilze sein. Wenn zwei- bis dreimalige gründliche Reinigung mit dem Ohrreiniger keine Besserung bringt, ist eine gezielte Behandlung erforderlich.

Die Augen werden mit einem Stückchen Mullbinde oder einem Taschentuch vom „Schlaf“ gereinigt. Fusseln von Watte oder Papiertaschentüchern reizen die Schleimhäute. Bindehautentzündungen können auch durch Zugluft, Staub oder starke Sonne verursacht werden. Zur Linderung werden Augentropfen in den heruntergezogenen Bindehautsack geträufelt. Borwasser wird heute nicht mehr verwendet, weil feine Kristalle als Fremdkörper wirken können. Länger andauernder wäßriger, schleimiger oder eitriger Augenausfluß sollte nicht mit Hausmitteln kuriert werden. Es könnte eine Infektion vorliegen. Wucherungen auf der Rückseite der Nickhaut müssen meist operativ behandelt werden.

Die Zähne werden durch Hundekuchen oder Knochen ausreichend gereinigt. Auch die Tortur des Zähneputzens kann Zahnstein kaum verhindern. Zur Entfernung weicher Beläge eignet sich am ehesten ein Wattebausch, getränkt mit dreiprozentiger Wasserstoffsuperoxydlösung. Zahnstein ist ein fest anhaftender brauner Belag aus verhärteten Salzen. Fauliger Mundgeruch durch Zahnfleischentzündungen und -vereiterungen sowie Zahnausfall sind die Folgen. Zahnstein sollte frühzeitig fachkundig entfernt werden.

Lose Zähne müssen gezogen werden. Da der Hund keine Beute jagen, festhalten oder zerreißen muß, kann er auf schmerzende Zähne gut verzichten. Nach Entfernung der Eiterherde wird er sich auch allgemein wohler fühlen, denn sie können den Körper vergiften und zum Beispiel chronische Herzklappenentzündungen auslösen.

Die Analbeutel sollen eigentlich bei jedem Kotabsatz eine individuelle Duftmarke zur Revierkennzeichnung hinterlassen. Infolge der Domestikation funktioniert die Entleerung häufig nicht richtig. Sekretstauungen sind die Folge; den Juckreiz versucht der Hund vergeblich durch Rutschen auf dem After zu beseitigen. Dieses „Schlittenfahren“ ist entgegen landläufiger Vermutung fast nie auf Wurmbefall zurückzuführen. Stark gefüllte Analbeutel

Bootfahren –

Ballspielen –

Schwimmen – ein Berner ist zu allem aufgelegt

müssen fachkundig ausgedrückt, vereiterte müssen tierärztlich behandelt werden.

Die Krallen werden nur bei regelmäßigem Auslauf auf hartem Untergrund ausreichend abgelaufen. Nur bei krankhaftem Hornwachstum oder Stellungsfehlern müssen sie geschnitten werden. Dabei soll die in der Kralle verlaufende Ader nicht verletzt werden. „Wolfskrallen“, Überbleibsel der an sich verkümmerten fünften Zehe an Vorder- und Hinterläufen, können bei Verletzungen stark bluten. Sie sollten vorsorglich amputiert werden. Das geschieht üblicherweise schon bei neugeborenen Welpen.

Erste Hilfe tut not

Hautverletzungen müssen genau inspiziert werden. Oberflächliche Abschürfungen und Schrunden können mit Hausmitteln behandelt werden. Auf jeden Fall werden im Bereich der Verletzungen die Haare mit einer gebogenen Schere kurz abgeschnitten. Sie verkleben sonst mit dem Wundsekret; Vereiterung ist die Folge. Die Wunde wird mit Wundgel, -spray oder -tinktur behandelt. Fetthaltige Salben behindern den heilungsfördernden Luftzutritt, Puder verkrustet.

Bei tieferen Wunden mit Durchtrennung der Haut sollte umgehend ein Tierarzt hinzugezogen werden.

Bei Beißereien und Stacheldrahtverletzungen wird die Haut oft vom Körper losgerissen, so daß tiefe Taschen zu versorgen sind. Von Fall zu Fall ist zu prüfen, ob eine „offene Wundbehandlung“ oder eine Naht besser ist. Nur frische Wunden können mit Aussicht auf komplikationslose Heilung genäht werden.

Eine offene, aus der Tiefe nässende oder eiternde Wunde darf der Hund belecken. In allen anderen Fällen wird die Wundheilung behindert, weil die zarten Heilungszellen am Wundrand gestört werden. Das Belecken von Wunden und das Abreißen von Verbänden können durch einen Halskragen verhindert werden. Aus einem passenden Kunststoffeimer wird der Boden herausgeschnitten. Die Schnittkanten werden abgepolstert, an vier Stellen durchlöchert und mit Bindfäden versehen, die am Lederhalsband festgebunden werden.

Wundstarrkrampf ist beim Hund selten. Impfungen sind daher nicht üblich. Zur Vorbeugung sollen Wunden ausbluten und nicht luftdicht abgedeckt werden. Wenn größere Adern verletzt sind, kommt es zu andauernden, starken Blutungen. Häufig tritt Blut im Strahl aus. Dann muß zur Ersten Hilfe ein Druckverband angelegt werden. An ungünstigen Körperstellen wie am Kopf kann auch von Hand eine Kompresse aufgedrückt werden. Gliedmaßen können abgebunden werden, die Abbindung muß aber viertelstündlich kurz gelöst werden. In solchen Fällen ist stets umgehend tierärztliche Hilfe erforderlich.

Unfälle können auch zu inneren Verletzungen und Gehirnerschütterungen führen. Bei Bewußtseinstrübungen soll nie Flüssigkeit eingeflößt werden. Die Maulschleimhaut kann aber mit Kaffee, Tee oder auch einfach mit Wasser befeuchtet werden. Der Hund wird vorsichtig getragen oder seitlich mit tiefliegendem Kopf und herausgezogener Zunge auf einer Decke gelagert, die, von zwei Personen an den Ecken strammgezogen, auch als „Tragbahre“ dient. Am Unfallort sind meistens die Diagnose und vor allem eine wirksame Schockbehandlung erschwert. Telefonisch sollte zur Vermeidung unnötiger Wege und Zeiten ein dienstbereiter Tierarzt verständigt und umgehend aufgesucht werden.

Lahmheiten können viele Ursachen haben. Als erstes wird die Pfote untersucht. Dornen oder Splitter werden ausgezogen. Verfilzte Haare drücken zwischen den Ballen wie ein Stein im Schuh; sie werden daher vorsichtig ausgeschnitten. Wunde Stellen werden wie Hautverletzungen behandelt. Im Winter müssen Streusalzreste von den Pfoten abgewaschen werden. Bei Krallenbettentzündungen können warme Kamillen- oder Seifenbäder Linderung bringen. Lose Krallenteile werden an der

In bester Verfassung:
10 Monate alter Rüde

Bruchstelle beherzt abgeschnitten. In vielen Fällen ist ein Verband erforderlich. Er muß fachkundig angelegt werden, um Druckstellen zu vermeiden.

Bei Schwellungen, Prellungen und Verstauchungen kann das Fell des betroffenen Körperteils mehrmals täglich mit kaltem Wasser durchnäßt werden. Das wirkt wie ein Kühlverband, lindert den Schmerz und hemmt – frühzeitig angewendet – weitere Schwellungen. Wenn ein Bein überhaupt nicht belastet wird, besteht Verdacht auf Knochenbruch. Bei stark abnormer Beweglichkeit können die Gliedmaße durch eine Notschiene ruhiggestellt werden.

Andauernde, wiederkehrende oder sich verschlimmernde Bewegungsstörungen sind stets ein Fall für den Tierarzt. Das Humpeln auf einem Hinterbein wird nicht selten durch eine Ausrenkung der Kniescheibe oder durch Riß von Bändern bedingt, die operativ fixiert werden müssen.

Vergiftungen sind meist „Unglücksfälle" und nur selten böse Absicht. Rattengift kann bei unsachgemäßem Auslegen direkt, aber auch mit vergifteten Nagetieren aufgenommen werden. Meist handelt es sich um Cumarinpräparate, die zu inneren Blutungen führen. Vorsicht ist auch bei Schädlings- und Unkrautbekämpfungs- sowie bei Frostschutzmitteln geboten. Hochgiftige Thallium-, Zinkphosphid- und Arsenzubereitungen, Blausäure und Strychnin sind heute gottlob kaum noch erhältlich. Die besten Überlebenschancen bestehen, wenn man „nach frischer Tat" das Gift wieder aus dem Magen herausbefördern kann. Der Tierarzt kann Erbrechen durch eine Spritze auslösen, der Laie durch Eingeben von zwei bis drei Teelöffeln Salz. Nach dem Erbrechen kann eine Aufschwemmung von etwa zehn Kohlekompretten eingeflößt werden. Milch wird nicht gegeben, weil verschiedene Gifte fettlöslich sind. Etwa vorhandene Hinweise auf die Art des Giftes ermöglichen eine rechtzeitige, gezielte tierärztliche Behandlung. Ungewisser sind die Aussichten, wenn Vergiftungsfolgen wie Krämpfe, Mattigkeit oder Brechdurchfall schon eingetreten sind, die Ursache aber nur vermutet werden kann. Eine genaue Diagnose ist oft erst durch Spätschäden wie Blutungen oder Haarausfall möglich. Dann kann es für eine Rettung bereits zu spät sein.

Durchfall ohne Fieber bessert sich häufig nach einem Fastentag: Der Hund erhält ausschließlich stark verdünnten Tee mit einer Prise Salz, aber ohne Zucker. Zur Geschmacksverbesserung ist Süßstoff erlaubt. Zusätzlich ist es nie verkehrt, eine Aufschwemmung von Kohlekompretten einzugeben. Keinesfalls darf Durchfall mit Wasserentzug „behandelt" werden; der Körper würde zu stark austrocknen. Am zweiten Tag erhält der Hund in kleinen Portionen ein Diätfutter, zum Beispiel Beefsteakhack, Schmelzflocken und rohen geriebenen Apfel. Am dritten Tag muß der Kot zumindest wieder dickbreiig sein.

Verstopfungen lassen sich oft durch rohe Leber oder Milz oder einige Teelöffel süßer Dosenmilch beheben. Bei krampfhaft vergeblichem Drängen kann ein Mikroklistier Erfolg bringen. Bei einer Verhärtung von Knochenteilen im Enddarm hilft allerdings meist nur ein fachgerechter Einlauf.

Erbrechen ist keine selbständige Krankheit. Einmaliges Erbrechen kann durch zu hastiges Fressen, zu kaltes Futter oder Aufnahme von Fremdkörpern ausgelöst werden. Gelegentliches Erbrechen ist beim Hund ohne große Bedeutung. Um zu erbrechen frißt der Hund häufig Gras. Geschieht das regelmäßig oder wird ständig das Futter erbrochen, muß ein Tierarzt hinzugezogen werden. Auch Durchfall und Erbrechen mit Fieber sind kein Fall für Hausmittel.

Scheinschwangerschaft tritt bei manchen Hündinnen etwa acht Wochen nach der Läufigkeit auf. Sie sind unruhig, „bemuttern" irgendwelche Gegenstände, fressen schlecht und erbrechen gelegentlich. Das Gesäuge schwillt, Milch bildet sich. Abhilfe schafft häufig wenig Fressen und Trinken bei viel Bewegung und Beschäftigung. Das Gesäuge kann mehrmals täglich mit kaltem Wasser befeuchtet werden, um Schwellung und Milchproduktion zu hemmen. Keineswegs soll die Milch ausgedruckt werden. Damit würde nur die weitere Milchbildung angeregt. Bei sehr starker Gesäugeschwellung und trotz Hausmitteln nicht nachlassenden Erscheinungen muß der Tierarzt verständigt werden.

Insektenstiche, vor allem durch das Schnappen nach Wespen und Bienen verursacht, können schnell zu erheblichen Schwellungen am Kopf oder, noch schlimmer, im Rachen führen. Äußerliche Kühlung mit Eiswürfeln und eine Tablette gegen Allergie ersparen oft nicht die möglichst rasche tierärztliche Behandlung.

Alarmzeichen

Fieber ist eine Abwehrreaktion des Körpers, meist auf Infektionen. Die Hundenase kann auch beim kranken Hund feucht und kühl sein. Die Temperatur muß mit einem Fieberthermometer (je nach Modell bis zu fünf Minuten) im Mastdarm gemessen werden. Sie darf nicht über 39 °C liegen. Untertemperaturen unter 37,5 °C entstehen infolge einer Reduzierung der Stoffwechselvorgänge häufig vor dem Tod.

Husten, als ob ein Knochen im Hals säße, tritt bei Mandelentzündungen auf. Ernstere Infektionen wie Zwingerhusten oder gar Staupe könnten auch vorliegen. Pumpende Atmung entsteht durch eine Lungenentzündung, aber auch durch Wasseransammlung in der Lunge, zum Beispiel infolge von Vergiftungen. Bei alten Hunden kann der damit verbundene Husten auch auf eine Herzschwäche zurückzuführen sein. Bauchpressen und Aufblasen der Backen sind Zeichen höchster Atemnot.

Schleimhäute im Auge und im Fang geben Hinweis auf innere Erkrankungen: Blässe deutet auf Blutarmut hin, Gelbfärbung auf Leberschäden mit Gelbsucht, Blutungen auf schwere Infektionen oder Vergiftungen, eine bläuliche Färbung tritt bei Herz- und Kreislaufschwäche auf.

Kot und Urin mit Blutbeimengungen lassen krankhafte Veränderungen erkennen. Bei Blutungen im Magen und in den vorderen Darmabschnitten kann der Stuhl durch das verdaute Blut pechschwarz aussehen. Nierenerkrankungen können auch mit erhöhtem Durst verbunden sein. Wenn Mattigkeit und Mundgeruch hinzukommen, ist meist bereits eine Harnvergiftung eingetreten. Harnsteine, Blasenriß oder Vergiftungen können dazu führen, daß überhaupt kein Urin mehr abgesetzt wird; dann besteht höchste Gefahr. Geschwülste, Prostatavergrößerungen und Mastdarmveränderungen erschweren den Kotabsatz. Verhärtete Knochenteile können den Enddarm völlig verstopfen. Erbrechen und zunehmende Mattigkeit bei fehlendem Kotabsatz sprechen für Darmverschluß oder einen Fremdkörper im Darm.

Speicheln wird im harmlosesten Fall durch Fremdkörper in der Maulhöhle oder durch lose Zähne verursacht, bedenklicher wäre eine E 605-Vergiftung oder Pseudowut, schlimmstenfalls ist an Tollwut zu denken.

Umfangsvermehrungen des Bauches bei sonst normalem Ernährungszustand oder zunehmende Abmagerung können durch Tumore oder Bauchhöhlenwasser hervorgerufen werden. Bei einer Gebärmuttervereiterung besteht gleichzeitig fast immer starker Durst, gelegentlich auch Scheidenausfluß. Eine plötzliche Aufblähung des Bauches mit Kolik und Kreislaufschwäche, bedingt durch eine Magendrehung, erfordert unverzügliche Operation. Eine Entzündung der Kaumuskeln mit Schwellung und Verhärtung sowie hervortretenden Augäpfeln muß sofort tierärztlich behandelt werden.

Infektionen bedrohen die Gesundheit

Staupe und ansteckende Leberentzündung (Hepatitis) sind Viruskrankheiten, die für Junghunde besonders gefährlich sind, aber auch ältere Hunde befallen. Staupe beginnt mit einem häufig kaum merkbaren, kurzen Fieber, dem nach etwa acht Tagen eine schwere Lungenentzündung mit eitrigem Augen- und Nasenausfluß oder ein Durchfall folgt. Eine besondere Verlaufsform ist mit einer Verhärtung der Ballen verbunden. Nach scheinbarer Besserung treten nervöse Erscheinungen bis hin zu Krämpfen auf, die meistens zum Tod führen. Nach überstandener Staupe bleibt häufig ein nervöses Zucken der Kopfmuskeln, der „Staupetick“, nach Erkrankungen im Junghundealter das „Staupegebiß“ mit erheblichen Zahnschmelzdefekten zurück. Die ansteckende Leberentzündung verläuft ähnlich, mit hohem Fieber, Apathie und

Appetitlosigkeit. Hornhauttrübungen können bleibende Folgeschäden sein.

Stuttgarter Hundeseuche (Leptospirose) wird durch Bakterien verursacht und von Hund zu Hund übertragen. Sie beginnt häufig mit einer Schwäche in den Hinterbeinen. Geschwüre im Maul, Magen und Darm sind mit aasartig-faulem Maulgeruch und blutigem Durchfall verbunden.

Tollwut tritt bei Hunden nur noch selten auf. Die Seuche wird vor allem durch Füchse übertragen. Hinweisschilder warnen in gefährdeten Gebieten vor Tollwut. Die Krankheit ist besonders tückisch: Die typischen Wuterscheinungen mit heiserem Gebell, Wasserscheue, Unruhe und unmotivierter Beißwut fehlen häufig. Die »stille Wut« ist im Anfangsstadium schwer zu erkennen. Ein erkranktes Tier stirbt immer.

Parvovirose ist eine Viruskrankheit, die sich bei Hunden aller Altersgruppen in schweren, durch Erbrechen und Durchfall gekennzeichneten Erkrankungen äußert. Bei Welpen kann plötzlicher Herztod auftreten. Der Erreger ähnelt dem Katzenseuchevirus; eine wechselseitige Ansteckung zwischen Hund und Katze ist jedoch nicht möglich. Die Ansteckung erfolgt über Ausscheidungen von Hund zu Hund, aber auch durch Verschleppung angetrockneter Ausscheidungen, zum Beispiel an Kleidungsstücken.

Impfungen schützen vor diesen Infektionskrankheiten

Welpen in gefährdeten Zuchten oder ungeimpfte Hunde mit verdächtigen Krankheitserscheinungen können mit einem Serum behandelt werden, das fertige spezifische Abwehrstoffe enthält. Diese „passive Immunisierung“ schützt aber nur für zwei bis drei Wochen. Der Käufer eines Hundes sollte den Impfpaß daraufhin genau prüfen.

Länger dauernden Schutz vermittelt nur die „aktive“ Schutzimpfung. Dabei werden abgeschwächte oder abgetötete Infektionserreger eingeimpft. Der Körper reagiert darauf mit der Bildung eigener Abwehrstoffe. Bei den heute üblichen Kombinationsstoffen kennzeichnen die Buchstaben S, H, L, T und P die Wirksamkeit gegen die in Frage kommenden Seuchen. Welpen werden mit sechs bis acht Wochen das erste Mal geimpft und müssen dann mit etwa zwölf Wochen nach Impfplan nachgeimpft werden. Bei älteren Hunden genügt eine einmalige Grundimmunisierung.

Der einmal gebildete Impfschutz baut sich im Laufe der Zeit ab. Kommt der Hund mit betreffenden Seuchenerregern in Berührung, so wird die Antikörperbildung aufgefrischt. Ist der Impfschutz aber bereits zu stark abgesunken, kann der

Hund erkranken. Deshalb sind Auffrischungsimpfungen im Abstand von ein bis zwei Jahren erforderlich. Gegen die seit einiger Zeit wieder in bedrohlichem Umfang auftretende Staupe ist die **jährliche** Impfung dringend zu empfehlen, zumal bei einigen Kombinationsimpfstoffen der Staupeschutz ein Schwachpunkt zu sein scheint.

Ein sicherer Impfschutz des Hundes ist auch für den Menschen wichtig. Erkrankte Hunde können Leptospiren übertragen, die beim Menschen das „Canicola-Fieber" oder die „Weilsche Krankheit" hervorrufen. Hundetollwut ist wegen des engen Kontaktes für Menschen viel gefährlicher als Wildtollwut. Geimpfte Hunde übertragen keine Tollwut. Nach einem Kontakt mit verdächtigem Wild brauchen sie deshalb auch nicht getötet zu werden, wie dies für ungeimpfte Hunde gesetzlich vorgeschrieben ist.

Gegen andere Infektionen schützt Vorsicht

Toxoplasmose wird durch einzellige Schmarotzer hervorgerufen. Ihr Stammwirt ist die Katze. Bei anderen Tieren werden ansteckungsfähige Dauerformen gebildet. Hunde erkranken überwiegend durch infiziertes Schweinefleisch. Für die Ansteckung des Menschen wurden sie früher zu Unrecht verantwortlich gemacht.

Aujeszkysche Krankheit wird ebenfalls durch Schweinefleisch übertragen. Unstillbarer Juckreiz, Unruhe, Ängstlichkeit und Speichelfluß haben gewisse Ähnlichkeit mit Tollwut. Die Krankheit wird daher auch „Pseudowut" genannt. Schweinefleisch und in der Zusammensetzung unbekannte Fleischmischungen, zum Beispiel aus Supermärkten, müssen deshalb gut durchgekocht werden. Fertigfutter und Rindfleisch sind dagegen unbedenklich.

Zwingerhusten tritt vor allem in Tierheimen und Hundehandlungen auf. Unter begünstigenden Umständen lösen Viren und Bakterien gemeinsam Entzündungen von Luftröhre und Bronchien aus. Kennzeichnend ist ein kurzer, trockener Husten. Sekundärinfektionen können den Krankheitsverlauf verschlimmern. Während des Urlaubs sollte man seinen Hund nicht in unbekannte Heime oder Pensionen geben oder ihn vorsorglich auch gegen Zwingerhusten impfen lassen.

Wurmkuren gegen unerwünschte Kostgänger

Spulwürmer können bei Junghunden zu Verdauungs- und Entwicklungsstörungen, zu Vergiftungserscheinungen und sogar zum Tod führen. Fast alle Welpen werden im Mutterleib mit Spulwürmern infiziert. Die ersten Wurmkuren soll schon der Züchter durchführen. Junghunde werden vierteljährlich entwurmt. Ältere Hunde beherbergen nur noch einzelne Würmer. Sie richten zwar keinen großen Schaden an, sind aber eine ständige Infektionsquelle. Hündinnen sollten zumindest sechs Wochen nach jeder Läufigkeit, Rüden mindestens einmal jährlich entwurmt werden. Bei festgestelltem Wurmbefall ist eine sofortige Entwurmung mit einer Wiederholungsbehandlung nach zwei bis drei Wochen erforderlich. Rohe Möhren garantieren keine Wurmfreiheit. Wirksame und verträgliche Mittel sind verschreibungspflichtig. Sie wirken auch gegen andere Rundwurmarten, zum Beispiel gegen Hakenwürmer.

Spulwürmer sind auf ihre Wirtstierarten spezialisiert; wenn der Mensch Hundespulwurmeier aufnimmt, schlüpfen zwar Larven und beginnen ihre Wanderung im Körper, sie bleiben jedoch in Organen oder Muskeln stecken und können dort schmerzhafte Entzündungen verursachen. Besonders gefährdet sind „Krabbelkinder". Wurmkuren dienen daher auch dem Gesundheitsschutz der Familie.

Bandwürmer brauchen für ihre Entwicklung stets einen Zwischenwirt. Für den Hundebandwurm ist dies der Floh. Er nimmt die Wurmeier auf, aus denen sich eine Finne entwickelt. Der Hund „knackt" den Floh, die Finne wächst im Hundedarm zum fertigen Bandwurm aus. Mit dem Kot erscheinen nach geraumer Zeit einzelne kürbisförmige, anfangs noch bewegliche Bandwurmglieder oder ein längeres, deutlich gegliedertes Wurmende.

Es gibt heute neben speziellen Spulwurm- und Bandwurmmitteln auch Präparate, die gegen beide Parasitenformen wirksam und dabei gut verträglich sind. Empfehlenswert ist eine systematische vierteljährliche Bandwurmbehandlung des Hundes. Zur Bandwurmkur gehört stets eine Flohbehandlung von Hund und Lager.

Besonders bei Jagdhunden kann auch der „gesägte Bandwurm" auftreten, dessen Zwischenwirte Hasen und Kaninchen sind. Andere Bandwurmarten, die durch Fisch oder Wild, Rinder- oder Schafeingeweide übertragen werden, kommen seltener vor. Dazu zählt der „dreigliedrige Bandwurm", der auch dem Menschen gefährlich werden kann. Der Hund sollte zur Vorbeuge keine rohen „Konfiskat"-Innereien erhalten und daran gehindert werden, Kadaver von Wildtieren anzufressen. Für Menschen besonders gefährlich ist der vor allem in einigen Gegenden Mittel- und Süddeutschlands verbreitete „Fuchsbandwurm", der auch durch Hunde übertragen werden kann. Neben regelmäßigen Bandwurmkuren ist es die beste Vorbeuge, den Hund in Wald und Flur anzuleinen.

Gefahren für die menschliche Gesundheit?

Impfungen und Wurmkuren schränken Ansteckungsgefahren ein. Hygiene tut ein übriges: Selbstverständlich hat der Hund sein eigenes Lager und Futtergeschirr; beides ist peinlich sauber. Rasen und Wege werden von Hundekot freigehalten. Der Hund wird so erzogen, daß er das Gesicht nicht ableckt. Das Belecken der Hände ist Ausdruck seiner Zuneigung. Man darf sie dulden, denn man kann sich die Hände anschließend waschen. Vorsichtige können Lager, Hütte und andere hygienegefährdete Stellen und Gegenstände regelmäßig desinfizieren. Die Mittel sollen gegen Viren, Bakterien und Pilze wirken. Zur Schnelldesinfektion eignet sich ein „Desinfektspray“, der auch Ektoparasiten abtötet.

Besonders angezeigt sind solche Maßnahmen, wenn der Hund eiternde Wunden, Ekzeme, Furunkel oder eine Vorhaut-, Zahnfleisch- oder Mandelentzündung hat. Diese Infektionen sind konsequent zu behandeln. Eitererreger können auch beim Menschen Komplikationen verursachen. Vorsicht ist stets bei schlecht heilenden oder sich ausbreitenden Ekzemen geboten: Räudemilben sind zwar auf Tierarten „spezialisiert“, können jedoch auch beim Menschen juckende Hautrötungen verursachen. Hautpilzinfektionen sind auf Menschen übertragbar. Daher sollte man umgehend eine Spezialuntersuchung und Behandlung veranlassen. Pilzinfektionen entstehen nur, wenn sich die Erreger länger als 12 bis 24 Stunden auf der menschlichen Haut einnisten können. Gründliches Waschen bannt die Gefahr. Zusätzliche Sicherheit bietet ein Handdesinfektionsmittel, das nach Berührung verdächtiger Stellen oder Ausscheidungen in die Hände eingerieben wird.

Allergien sind auch durch größte Sauberkeit nicht immer zu vermeiden. Einige Menschen reagieren bei Kontakt mit Tierhaaren und -hautteilen mit Ausschlägen oder Atembeschwerden. Katzen, Meerschweinchen und Vögel sind viel öfter als Hunde die Auslöser; viele andere pflanzliche und tierische Stoffe kommen hinzu. Die Allergieursache kann von einem Hautarzt durch Spezialtests auf der Haut ermittelt werden. Auf Verdacht braucht also kein Hund abgeschafft zu werden. Und vor der Anschaffung eines Berner Senners brauchen auch gesundheitsbewußte Hundefreunde nicht zurückzuschrecken.

Der Berner Sennenhund im Alter

Eines Tages werden Sie feststellen, daß Ihr Berner, der Sie viele Jahre mit Ausdauer und Begeisterung auf allen Spaziergängen und Wanderungen begleitet hat, ruhiger und träger wird. Er kommt nun in das gesetztere Alter. Bei unseren großen Bernern ist das bereits mit sechs oder sieben Jahren der Fall. Sie gehören leider nicht zu den langlebigen Rassen. Daß die Schnauze grau und später weiß wird, wie bei anderen Hunden, kann man kaum beobachten, da das ohnehin vorhandene Schnauzenweiß uns dieses Zeichen des Alterns mehr oder weniger verbirgt. Wir sollten nun seinen geänderten Bedürfnissen gerecht werden. Gerade im Alter benötigt der Hund unsere ganze Liebe und Zuneigung.

Wenn Sie bemerken, daß lange Märsche ihn anstrengen, machen Sie

Im Alter wächst das Ruhebedürfnis

lieber täglich dreimal einen kurzen Spaziergang mit ihm. Auch die Futtermenge verteilen Sie auf zwei oder drei Mahlzeiten. Achten Sie jedoch unbedingt darauf, daß Ihr Berner jetzt nicht zu dick wird. Durch den geringeren Bewegungsdrang setzt er viel schneller Fett an, und das verkürzt seine Lebenserwartung ganz entscheidend. Jährlich einmal sollten Sie ihn Ihrem Tierarzt zur Untersuchung vorstellen. Lassen Sie hierbei besonders sein Gebiß überprüfen. Um eine Zahnfleischinfektion zu vermeiden, muß der Zahnstein regelmäßig entfernt werden.

Lassen Sie auch die Fußnägel nachschneiden. Zu lange Nägel schmerzen beim Gehen und können zu Infektionen und schmerzhaften Verletzungen führen. Über die zu Hause gemachten Beobachtungen machen Sie sich Notizen, damit Ihr Tierarzt bereits von kleinen Veränderungen auf verborgene Krankheiten schließen kann. Wenn Ihr Berner beispielsweise über einen längeren Zeitraum mehr Flüssigkeit als normal zu sich nimmt, kann das auf ein Nierenleiden, Gebärmutterentzündung oder Diabetes hinweisen. Im Hof wird Ihr Berner sich entgegen seinen sonstigen Gepflogenheiten am liebsten in die Sonne legen, und auch im Haus bevorzugt er einen warmen Schlafplatz. Pflegen Sie sein Haarkleid wie bisher. Es ist jetzt ohnehin dünner und nicht mehr so glänzend. Allein schon das Gefühl, daß Sie sich ausgiebig mit ihm beschäftigen, erfüllt ihn mit Zufriedenheit. Bei dänischen Freunden richtete die Tochter während meines Urlaubs auf ihrem Hof eine alte Bernerhündin ausstellungsmäßig her, obwohl diese Hündin Haus und Hof nicht mehr verließ. Sie lag hierzu geduldig mehr als eine Stunde auf dem Boden und ließ sich, von ihren Hausgenossinnen umgeben, geduldig das Fell auskämmen und die Pfotenhaare beschneiden. Wie in alten Zeiten bekam sie als Belohnung für ihre Geduld von Zeit zu Zeit einen Keks. Obwohl es vielleicht vermenschlichend klingt, hatte ich den Eindruck, daß sie mit großer Genugtuung zu den Jüngeren hinsah. Mit fortschreitendem Alter kann es zu Gehörlosigkeit oder Erblindung kommen. Da beide Gebrechen eigentlich niemals zusammen auftreten, wird sich der Hund trotzdem in seiner häuslichen Umgebung zurechtfinden, so daß kein Grund besteht, ihn deshalb einschläfern zu lassen. Sollten ihm jedoch eines Tages seine Altersbeschwerden oder ein schweres Leiden so zu schaffen machen, daß auch der Tierarzt nicht mehr helfen kann, dann zögern Sie nicht, ihn mit der erlösenden Spritze von seinem Leiden befreien zu lassen. Alles Hinauszögern ist dann nur Egoismus und keine Tierliebe. Danken Sie Ihrem Berner seine Liebe und Treue, indem Sie bis zuletzt bei ihm bleiben.

Anhang

Anschriften, die Sie kennen sollten

Bundesrepublik Deutschland
Verband für das Deutsche
Hundewesen (VDH)
Westfalendamm 174
D-44141 Dortmund
Tel. 02 31 / 56 50 00

Schweizer Sennenhundverein
für Deutschland e. V.

Welpenvermittlung:
Christel Fechler
Döllersweger Hof 26
D-42929 Wermelskirchen
Tel. 0 21 96 / 13 86

Österreich
Österreichischer
Kynologen-Verband (ÖKV)
Johann-Teufel-Gasse 8
A-1238 Wien

Schweiz
Schweizerischer Klub
für Berner Sennenhunde

Welpenvermittlung:
Webbink Evert, Nideltobel
CH-8494 Lipperschwendi (Bauma)

Schweizerische Kynologische
Gesellschaft (SKG)
Casa Postale 2307
CH-3001 Bern I Facher

Niederlande
Raad van Beheer
op Kynologisch Gebied
in Nederland
Postbus 5901
NL-1007 A. X. Amsterdam Z

Dänemark
Dansk Kennelklub
Parkvey 1 – Jersie Strand
DK-2680 Solred Strand

Literatur

RÄBER, H.: Die Schweizer Hunderassen. Albert Müller Verlag, Rüschlikon.

RÄBER, H.: Brevier neuzeitlicher Hundezucht. Verlag Paul Haupt, Berlin–Stuttgart–Wien. Schweizerischer Klub für Berner Sennenhunde, 1968: Der Schweizer Sennenhund.

BÄRTSCH, M./SPRENGLER, H., 1992: Hunde sehen – züchten – erleben. Das Buch vom Berner Sennenhund. Verlag Paul Haupt, Bern–Stuttgart–Wien.

Weiterführende Literatur aus dem Parey Buchverlag

BEYERSDORF, P., 1993: Dein Hund auf Ausstellungen. 2. Auflage

BURTZIK, P., 1996: Erziehung und Ausbildung des Hundes. 5. Auflage.

FIEDELMEYER, L., 1983: Kauf, Pflege und Fütterung des Hundes. 3. Auflage.

HEGENDORF, 1980: Der Gebrauchshund. Haltung, Ausbildung und Zucht. 14. Auflage

KOBER, U., PEPER, W., 1995: Pareys Hundebuch. 2. Auflage.

POORTVLIET, R., 1987: Mein Hundebuch. 2. Auflage.

QUEDNAU, F., 1987: Rechtskunde für Hundehalter.

SCHMIDTKE, H.-O., 1984: Gesundheitsfibel für Hunde. 2. Auflage.

WEIDT, H., 1996: Der Hund, mit dem wir leben: Verhalten und Wesen. 3. Auflage.

Bildnachweis

Seiten 2, 23, 91
ANNE MARIETTA IVERSEN, Hjortshoy (Dänemark)
Seiten 9, 11, 12, 13
Albert-Heim-Stiftung, Naturhistorisches Museum Bern
Seiten 17, 35, 36, 47, 48, 58, 59, 66, 78, 79, 83, 85, 88 (u.), 89
MARTINA WEBER, Wermelskirchen
Seiten 18, 44, 76
KATRIN ROLOFF, Hamburg
Seite 19
S. KOSLOWSKI, Hattingen
Seiten 21, 29
MANUELA GERHARDS, Kakau
Seite 27
C. HARDER-BUSCHNER, Hünxe
Seite 28
CHRISTEL STECKEL, Nordhorn
Seite 32
DR. OTMAR ZOCH, Mörfelden-Walldorf
Seiten 39, 88 (o.)
ELKE SCHMID, Hemmingen
Seiten 50, 69, 71
ANGELIKA FINKEMEYER, Pattensen
Seite 62
HUBERT KLINGELHEGER, Kaarst
Seite 91
RITA DANAPFEL, Olfen

Die übrigen Bilder stammen aus der Sammlung der Verfasserin.

Rund um den Hund !

U. Kober / W. Peper

Pareys Hundebuch

2., neubearbeitete Auflage.
1995. 271 Seiten mit
252 Abbildungen,
davon 210 farbig.
14 x 22 cm. Gebunden.
DM 58,– / öS 429,– / sFr 58,–
ISBN 3-8263-8033-9

Der kindersichere Hund
Freund, Beschützer, Spielgefährte

1996. Ca. 120 Seiten mit
ca. 60 farbigen Abbildungen.
14,5 x 19 cm. Gebunden.
DM 29,80 / öS 221,– / sFr 27,50
ISBN 3-8263-8407-5

R. Poortvliet

Mein Hundebuch

Aus dem Holländischen.
2. Auflage.
1987. 232 Seiten mit über
750 meist farbigen Zeichnungen.
22 x 28 cm. Gebunden.
DM 64,– / öS 474,– / sFr 64,–
ISBN 3-8263-8261-7

H. Niemand / P. Suter (Hrsg.)

Praktikum der Hundeklinik

Mit Beiträgen von J. Arndt,
S. Arnold, B. Bigler et al.
8. Auflage. 1994. XXII, 816 S. mit
405 Abb., davon 60 farbig, 123 Tab.
21 x 28 cm. Gebunden.
DM 228,– / öS 1687,– / sFr 228,–
ISBN 3-8263-3002-1

Preisstand: 1. Juni 1996

Parey Buchverlag · Berlin